普　天　之　下　・　盡　是　好　書

普天出版家族
Popular Press Family

凌雲文創
A-Plus Creative Company

改變心情，就能改變事情的結果

懂得放下，才能活在當下

change for the Better

黛恩 編著

古希臘哲學家伊比鳩魯曾經寫道：「人不是被事情本身困住，而是被自己對事情抱持的看法困擾。」
人之所以無法活得快樂，往往是因爲心中的偏執作祟，無法改變自己對諸多人、事、物的主觀認知。
唯有放下心中那些纏繞自己的偏見、成見，才可以讓自己積極樂觀地活在當下。
每個人的想法，都會主導自己面對事情的看法，只要你懂得放下，就可以藉由改變自己的心情，改變事情的結果。

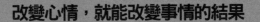

出版序

懂得放下，才能活在當下

只要懂得放下自己的不幸，即使處於逆境，也不忘活在當下，在內心打造自己的幸福城堡，你就會是最幸福的人。

古羅馬詩人奧維德曾經這麼說：「沒有勇氣過好今天的人，明天一定會過得更糟糕。」

確實，人要要勇於面對今天，才會有璀璨的明天。

人生不可能沒有失意、挫折、煩惱，人與人之間也不可能沒有摩擦、齟齬，想活得安樂，就必須學會放下，轉換心情看事情。不要沉溺於過去，也不要一味幻想著未來，只要願意坦然面對眼前的一切，一切問題都會迎刃而解。

不要老是沉溺於過往的傷痛，那些已經無法改變了，唯有選擇活在當下，方能活出亮麗未來。

有一個農民，初中只讀了兩年，家裡就沒錢供他繼續上學，於是他輟學回家，幫忙父親耕種三畝大的貧瘠田地。

在他十九歲那一年，父親去世了，家庭的重擔全都壓在他的肩上。他要照顧身體不好的母親，還有一位癱瘓在床的祖母需要看護。

二十世紀八〇年代，農田終於開放給農民承包。他把一塊水窪挖成池塘，想在裡面養魚，但鄉裡的地政官員告訴他水田不能養魚，只能種莊稼，他只好把水塘填平。這件事成了當地的大笑話，在別人的眼裡，他是一個想發財但又非常愚蠢的人。

他聽說養雞能賺錢，便向親戚借了五千元，買了一批小雞養了起來。但是一場洪水過後，所有雞都得了雞瘟，幾天內全部死光了。

五千元對別人來說可能不算什麼，但對一個只靠三畝薄田生活的家庭而言，簡直是筆天文數字。他的母親受不了這個刺激，竟然憂鬱而死。

他後來還釀過酒、捕過魚，甚至還在石礦的懸崖上幫人打過零工，可是都沒有賺到什麼錢。

他到了三十五歲還沒娶老婆，因爲他實在太窮了，即使是離了婚帶著孩子的女人也看不上他。因爲他只有一間土屋，並且隨時可能在一場大雨之後倒塌。娶不到老婆的男人，在農村裡是沒有人看得起的。

但他還想放手一搏，就四處借錢買一輛手扶拖曳機。不料，上路才不到半個月，這輛拖曳機就載著他連人帶車衝入一條河裡。

他斷了一條腿，成了瘸子。至於那部拖拉機，被人撈起來時，已經支離破碎，只能拆開它當作廢鐵賣了。

所有的人都說他這輩子完了。

但是，後來他成了某個城市裡一家公司的總裁，有幾十億元的資產。

當記者問他：「在苦難的日子裡，你憑著什麼一次又一次毫不退縮？」

他坐在寬大豪華的沙發上，喝完手裡的一杯水。然後，把玻璃杯子握在手裡，反問記者：「如果我鬆手，這個杯子會怎樣？」

記者說：「摔在地上，碎了。」

「那我們來試試看。」他說。

說完，他把手一鬆，杯子掉到地上發出清脆的聲音，但並沒有如記者預料中摔碎，而是完好無損。

他說：「即使是十個人在場，十個都會認爲這個杯子必碎無疑。但是，這個杯子並不是普通的玻璃杯，而是用玻璃鋼做成的。」

爲什麼擁有相同條件的人，有些人不堪一擊，有的人卻愈戰愈勇呢？差別就在於那顆「心」的堅強程度。

就像電玩世界裡的人物，有些角色雖然擁有技能優越的寶物，可是如果經驗值不足、戰鬥力不強，一樣無法將寶物的特性發揮得淋漓盡致。

許多英雄人物過去的事蹟被誇大到如同神話般的境界，讓人們覺得他根本就是天賦異稟。然而他們更讓人敬佩的卻是，雖然也曾失意、喪氣，可是從不放棄繼續往上爬的精神。

故事中這位農民雖然經歷許多苦難，可是他不讓自己被打倒，甚至更加強化自己對於困境的承受能力，從失敗中汲取經驗，如同看似玻璃製成的杯子，卻擁有玻璃鋼的堅韌。

法國文豪大仲馬曾經在他的著作中寫道：「未來有兩種前景，一種是猥猥瑣瑣的，一種是充滿理想的。上蒼賦予人自由的意志，讓人可以自行選擇，你的未來就看你自己了。」

只要懂得放下自己的不幸，即使處於逆境，也不忘活在當下，在內心打造自己的幸福城堡，你就會是最幸福的人。

很多時候，正因爲不懂得放下，我們才無法活在當下，不斷地自尋苦惱，不斷地折磨自己。過去的已經過去，未來的尚待努力，只有適時放下心中的執念，我們才能更踏實地活在當下，不至於喪失自己的信念。

出版序 懂得放下，才能活在當下

PART 1 與其終身遺憾，不如盡力改善

過去是無法改變的，你能做的只有接受現在，改善未來。把該流的淚水一次宣洩而出，別讓遺憾陪你渡過往後日子。

受到刺激，才能釋放自己真正的能力／18
心中有愛，就能跨過各種阻礙／23
只要抱持希望，就有出發的力量／28
與其終身遺憾，不如盡力改善／33
幼稚與天真不等於愚蠢／38
凡事不要走一步算一步／43
選擇生命中真正需要的／48
在工作中發現快樂的元素／52

PART—2

勇敢面對弱點，才能克服缺陷

即使是幾乎完美的人，也會有無法克服的缺陷，必須面對自己的問題，這些負面情緒或習慣絕對沒有你想的那麼糟糕。

小小的付出，將有意外的收穫／58
勇敢面對弱點，才能克服缺陷／63
興趣，使生命更有意義／68
不自以為是，才不會破壞好事／72
放下包袱才能輕鬆上路／77
不要讓生活有生鏽的機會／81
不要用金錢的角度衡量事情的價值／85
快樂做事，才是享受生活的方式／89

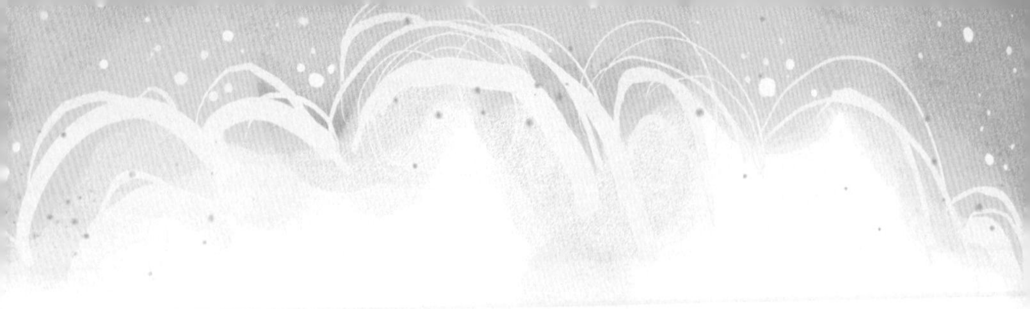

PART—3

換個角度，改變生活態度

並不是所有心願都能實現，但只要換個角度想，就會發現「壞事」說不定都是「好事」。

換個角度，改變生活態度／94

只要表現出色，就能發光發熱／100

面對責任，才是了不起的人／106

埋頭往前衝，不見得會成功／110

減輕心靈負擔，才能享受人生／115

有多少能力便享受多少樂趣／120

別把時間浪費在金錢上／124

我們要追求的就是那一點價值／129

PART—4

站在制高點，才能看得遠

若想擁有更大的天空、更寬廣的視野，就必須讓自己往高處爬，才能讓自己跨出原地，產生邁向另一個新領域的勇氣。

站在制高點，才能看得遠／134
接受各種笑和痛，人生才完整／138
不起眼的東西，也能帶來良機／142
遇到危險，要能隨機應變／146
真正的財富是看不見的／151
愛物惜物才能累積財富／155
再忙，也要撥出一點休息時間／159
愛的表達貴在真心／162

PART—5

放鬆心情，才能激發潛能

在湖裡泛舟，越是快速搖槳，越是容易打滑，反而變成在原地打轉。如果放輕槳上的力道，切水而入、撥水而行，便能夠順利地前進。

與其強迫，不如順水推舟／168
靈活競爭才能出奇制勝／172
沒有勝算，就設法拉長戰線／176
改掉錯誤，再次步上坦途／180
工作態度決定你的價值／185
放鬆心情，才能激發潛能／189
相信的力量，能激發無限能量／193
互相幫助才能往前進步／198

PART—6

不斷磨練，才不會曇花一現

年少的時候接受磨練和考驗不見得是壞事，唯有勤奮努力，厚植自己的實力，才能避免「少年得志大不幸」的遺憾。

唯有冒險，才能不斷向前／204
找出工作意義，人生才有意義／208
忍受一時孤獨，終能受到注目／212
表面光鮮亮麗，背後付出努力／216
不斷磨練，才不會曇花一現／221
身上帶刺，只會使自己陷入絕境／226
要理性判斷，才能安全過關／230
想脫穎而出，得多花點心思／235

PART—7

忘掉難過，歡樂就會更多

能改善的部分都盡力了之後，就該忘掉那些惱人的部分，只記住美好的部分，這才是讓生活更輕鬆自在的處世態度。

改變思緒，就能發揮潛力／240
搞清楚狀況，才不會越幫越忙／244
忘掉難過，歡樂就會更多／248
別被外在環境影響內心平靜／253
別失去後才知道珍惜／258
用善意的謊言來圓殘酷的事／261
現實，不是感情的絆腳石／266
別讓束縛綁架幸福／270

PART—8

正面思考，情況才會更好

人的意念具有很大的威力，若不能用「正確」且「正面」的態度面對疾病或是困境，對自己或他人都不是件好事。

正面思考，情況才會更好／276
用一點心思，助人不是麻煩事／282
做自己的依靠，最值得驕傲／286
以利益為前提，得不到真正的友誼／290
真正的無價之寶是什麼？／294
懂得珍惜，心中自然有愛／298
不要事事都想與人較量／302
心快樂，生活自然快樂／306

PART—9

患得患失，只會讓自己迷失

當我們不得不背負時代的壓力、大環境的無奈時，「盡力而為」就成為治療自己內心遺憾的最好辦法。

有明確構想才能實現理想／312
欺騙的行為，會使你喪失機會／317
禱告不是實現夢想的萬靈藥／321
患得患失，只會讓自己迷失／326
不要只在自己的小圈圈打轉／331
自尋煩惱，日子當然充滿苦惱／335
能忘懷得失的人最富有／339
誠實坦白，才能釋懷／342
符合新世代，才不會被淘汰／347

1.

與其終身遺憾，不如盡力改善

過去是無法改變的，
你能做的只有接受現在，改善未來。
把該流的淚水一次宣洩而出，
別讓遺憾陪你渡過往後日子。

受到刺激，才能釋放自己真正的能力

只要願意接受挑戰，嘗試突破拘囿自己的瓶頸，就能開發出連自己都會嚇一跳的生命潛能。

英國作家哥爾斯密曾經如此寫道：「不論在那裡，不論你是誰，自己的幸福要靠自己去創造、去尋覓。」

對生命的看法，往往決定一個人面對苦難之時，會採取怎樣的做法；不同的做法，衍生了不同的命運。人應該活在當下，不要任由負面的念頭一點一滴地吞噬我們的生命。

根據醫學報導：「大部分的人類，終其一生只用了二%的大腦，其他九十八

%往往任其荒廢。」

科學家說，被我們荒廢的九十八%，通常處於沉眠狀態，只有受到外界強力刺激，或是遭遇緊急狀況時才能發揮出來，這就是所謂的「潛能力」。

這種被激發出來的潛能力，就像腎上腺素激發，有時強大到甚至連我們都無法想像，也在在告訴我們：其實，你遠比自己想像的還要強大！

沙烏地阿拉伯有一位漂亮的女孩，已經二十五歲的她不知什麼原因啞了二十年，看了一堆醫生，也試過許多偏方，可是都沒用。

有一天，媒人帶來一個比她大二十五歲，長相很醜的男人來相親。

女孩的父親認爲自己的女兒有缺陷，與其嫁不出去，不如嫁給這個又老又醜但是富有的男人。

受到父親逼迫的女孩百般不願意，情急之下竟然說出了二十年來的第一句話：

「我寧死也不嫁給他！」

因爲受到刺激，使得二十年不會說話的啞女開口說話了，可見，她不是不會說話，只是說話的能力被不知名的因素抑制了而已。

以下是另一個因刺激而釋放自己潛能的例子。

俄國戲劇家斯坦尼斯拉夫斯基排演一場話劇時，女主角因故不能參加演出，不得不讓自己的大姐接替。

可是，大姐從未演過主角，自己也缺乏信心，排演時的狀況很糟糕。斯坦尼斯拉夫斯基非常生氣地說：「女主角是這齣戲的關鍵人物，如果仍然演得這樣差勁，整個戲就不能再排下去了！」

這時全場寂然，受到屈辱的大姐久久沒有說話。

突然，她抬起頭來堅決地說：「排練！」

一掃過去的自卑、羞澀、拘謹，她演得非常自信和眞實。斯坦尼斯拉夫斯基高興地說：「從今以後，我們有了一個新的大藝術家。」

現代醫學心理學認爲，人的大腦存有某種抑制現象，使得人們難以察覺自己的潛能。只有在意想不到的強烈刺激下，這種抑制才會被解除，潛能就會突然爆發出來，成爲超常的力量。

坊間有許多「潛能開發」的課程，其實就是一種心理暗示，教導人們如何運用自己的「潛意識」。

不管外界給潛意識什麼樣的定義，都不需要將它看得太複雜，只要記住：「不管你相信什麼，只要有信心，潛意識就能發揮功能，創造奇蹟。」

那麼，我們又該如何應用潛意識呢？

有位作家教導學生們創作的第一課，就是在腦海中將想要寫出的東西想像成一幅畫。潛意識也是同樣的道理，當我們將心中的願望描繪出來，並且肯定它、相信它，你就能得到它了。

只要在每天晚上睡覺前及早上剛起來時，利用幾秒鐘或者幾分鐘的時間，在腦海中描繪出自己已經達成希望的喜悅畫面。

例如，你希望能和某客戶談成一筆生意，那就想像生意談成，兩人愉快簽約、握手的畫面。

如此持之以恆，你的願望必然會在某一天突然實現。

以科學的角度來說，這是因爲人的大腦有許多地方仍處於休眠狀態，潛意識的訓練只是幫助我們開發潛能。

每個人的命運都是由自己造就出來的，是否願意控制它、改變它，全都操之在己。潛意識的運用非常重要，只要能夠好好地使用它，將會創造許多亮麗的人生風景。

從這個角度來看，一些發生在自己身上的「壞事」，都可以算是某種程度的「刺激」。人要學會放下，珍惜當下，只要願意接受挑戰，嘗試突破拘囿自己的瓶頸，就能開發出連自己都會嚇一跳的生命潛能。

心中有愛，就能跨過各種阻礙

受到磨難的時候，只要想到自己身上還背負著他人的命運，強烈的使命感將會幫助我們順利渡過難關。

人往往有爲了某人或某事活下去的使命感，譬如，父母爲撫育小孩長大活下去、老公爲親愛的老婆活下去、保家衛國的軍人爲捍衛人民的身家安全活下去，甚至有些人會爲了完成畢生的夢想活下去……

不容諱言，當我們有了一個必須活下去的目標和使命，通常會變得比平常勇敢，而且，一些平時無法輕易跨過去的障礙，也會因爲這股強烈的使命感，變得比較容易跨過。

英國有個叫米歇爾．斯馬特的女孩患了嚴重的厭食症，短短幾個禮拜的時間，體重就銳減三十公斤。不管用了多少方法，她的病情都無法好轉，醫生甚至絕望地斷言她最多只能再活三個月，使得她幾乎放棄了求生的意志。

有一天，父母送給她一隻西伯利亞小狗，名字叫里奧。里奧來到米歇爾家後，看到主人日漸消瘦，也開始拒絕吃東西，體重很快變輕了。

這可把米歇爾急壞了，想了好多辦法要讓里奧增加體重，但里奧受了米歇爾的影響，也和主人一樣憂鬱，毫無食欲。

米歇爾心裡很清楚，要救里奧，自己必須先振作起來。因此，她下定決心，爲了里奧，要帶頭增加體重。經過一番努力，米歇爾和里奧都恢復了食欲，體重開始上升。

她救了小狗，也救了自己。

不爲了自己，也要爲別人堅持下去的情操，其實普遍存在於我們生活的周遭，以下是另一個例子。

一個寂寞的旅人在沙漠的中心地帶迷路了，那裡是生命的禁區，四周除了黃沙，還是黃沙。他身上僅存一點點乾糧和飲用水，然而一望無際的沙漠根本找不到出口，旅人感受到深深的絕望。

這時，他發現不遠處有一隻瀕臨死亡的鳥兒。牠的翅膀無力地垂著，再不喝些水、吃點糧食就會死去。

旅人動了惻隱之心，餵了牠幾滴水和一些糧食，給了鳥兒一線生機，但牠還是沒有展翅飛翔的力氣，旅人當下決定帶著牠走出沙漠。

就這樣，他帶著牠以及僅剩無多的糧食和水，繼續在灼燒的沙漠中走著，最後終於走到了綠洲。

他救了鳥兒，也救了自己。

有部災難電影中，兩個警察被困在倒塌的建築物底下時，有這樣的幾句對話：

「威爾，你要是死了……我也死定了。知道嗎？」

「你可別睡著了，約翰！」

「不會的，謝謝你讓我活著。」

對他們來說，內出血、脫水等等處境不是對生命最大的威脅，最大的危險是失去生存的意志。

人和人都是互相依存而活著，因爲對彼此有著責任和信賴；若是其中一方放棄求生的信念，另一方也就瞬間失去了力量。

電影的最後，旁白說：「這個事件讓我們看到真實的人性，人性有邪惡的一面，但是也有善良的一面。人們彼此照應，不為什麼，只因為這是正確的事。重要的是我們該去談論這份良善，並記得，當世人目睹邪惡的同時，人性的良善也得以實現。」

有些人空虛、寂寞時會想養寵物，不完全是爲了打發時間或作伴。最重要的是，照顧寵物讓人有愛的責任存在，讓人必須對一個生命負責。

當米歐爾和旅人自覺對小狗和小鳥這兩個無助的生命有責任時，爲了幫助牠們，自己必須勇敢地活下去。也因爲這樣，間接幫助了自己。

「責任」聽起來雖沉重，卻很珍貴，尤其是對他人的生命負責。這種責任是互相的，以「愛」與「善」爲出發點。

當我們極力想幫助別人時，也在無形中幫助了自己。我們會因爲一個善舉、一個愛的表現，而讓心靈感到滿足。

當受到磨難，再也無法支持下去的時候，只要想到自己身上還背負著他人的命運，強烈的使命感將會帶來奇妙的力量，幫助我們順利渡過難關。

只要抱持希望，就有出發的力量

不管遇到多少糟糕的事，只要不忘記自己的信念和目標，必然有足夠的能量幫助你重新整裝，再出發。

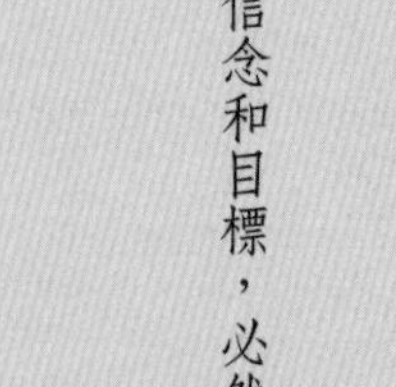

遭遇困境和挫折時，不少人都會抱怨：「我都已經那麼努力了，爲什麼老天還要對自己如此不公？」

會發出這種抱怨的人，通常都沒有自己想像中努力，也對自己的未來欠缺應有的憧憬和熱情。這樣的人，心中充滿怨懟，只會抱怨老天、抱怨際遇，卻從來不願檢討自己。

如果我們深入了解周遭的朋友，就會發現，其實老天對每個人一視同仁，沒有所謂的「不公平」。無論是誰，都有遭受挫折的時候，重點在於能不能在陷入逆境時，要求自己活在當下，對自己的人生抱持著希望，從而將這些磨練，轉化成讓自己再度出發的動力。

二〇〇三年的聖誕節，湯姆在塞爾西孤兒院寫了一封信給上帝。信裡的內容說：「上帝您好！您知道我是一個聽話的孩子，可是您昨天送給哈里一個爸爸、一個媽媽，卻連一個姨媽都不給我，這太不公平了。」

這封寫著「上帝親啓」的信，最後被轉送到神學博士摩羅．邦尼先生那兒，他是《基督教科學箴言報》專門負責替上帝回信的特約編輯。

摩羅．邦尼博士接到湯姆的信，馬上就明白狀況：哈里被人領養了，而湯姆依舊被留在孤兒院裡。

如何答覆湯姆呢？摩羅．邦尼博士知道，最直接了當的辦法，就是找一戶願意領養孩子的家庭，秘密辦理領養手續，待一切都辦好之後，再回信給湯姆：「湯姆，我的孩子！我眞有點疏忽大意了，像你這樣一個好孩子，是不應該沒有爸爸媽媽的，明天我一定爲你送去一對父母。」

但是，對於一個孤兒，上帝眞的會這樣答覆嗎？摩羅．邦尼博士心裡非常矛盾。他想，對於一個從小失去依靠的人，要想讓他知道上帝是公平的，絕不能用這種辦法。

經過深思熟慮，他給湯姆回了這樣一封信：

「親愛的湯姆，我不期望你現在就能讀懂這封信，不過我還是想現在就告訴你，上帝永遠是公平的。假若你認為我沒有送給你爸爸媽媽，就是我的不公，這實在讓我感到遺憾。

我想告訴你的是，我的公平在於免費供應三樣東西給人們，那就是生命、信念和目標。

你知道嗎？每一個人的生命都是免費得到的，我沒有讓任何一個人在生前為他的生命支付過一分錢。信念和目標與生命一樣，也是免費提供的。

不論你生活在世間的哪一個角落，不論你是王子還是窮人，只要想擁有這三樣東西，隨時都能擁有。

孩子，讓生命、信念和目標成為免費的東西，就是我給人間最大的公平，也是我身為上帝的最大智慧。但願有一天，你能理解。」

摩羅．邦尼博士知道，幫湯姆找一對父母並不是解決問題的辦法。因爲，天底下不知有多少個像湯姆一樣的孩子，這些孩子又不知抱持著多少個願望，不可能每個都一一實現。

對於這些無法得到答案的脆弱心靈，摩羅．邦尼博士選擇了最佳的辦法，讓他們了解生命的眞義。

每個人都能得到上帝給予的寶貴生命，只要你願意相信自己，就能夠擁有信念和目標。

無論所處的環境是好是壞，我們都有屬於自己的太陽。

或許一時間你得不到溫暖陽光的洗禮，可是你卻能直視夕陽帶給自己的感動。

你所擁有的，和大家都一樣，甚至可以更多。只要不放棄生命、不放棄希望，就能飛向遼闊的天空。

科學家愛迪生曾經說過：「無論何時，不管怎樣，我都絕不允許自己有一點點灰心喪氣。」

正因爲他不曾放棄希望，才有後來的成就。

泰戈爾也勉勵人們：「危險、懷疑和否定之海，圍繞著人們心中那座小小的島嶼，信念則鞭策人，勇敢面對未知的前途。」

不管遇到多少糟糕的事，只要不忘記自己的信念和目標，必然有足夠的能量幫助你重新整裝再出發。

與其終身遺憾，不如盡力改善

過去是無法改變的，能做的只有接受現在，改善未來。把該流的淚水一次宣洩而出，別讓遺憾陪你渡過往後日子。

有些人總是讓自己活在「過去」，動不動就把以前的豐功偉業掛在嘴上，動不動就將「早知道，自己就如何如何」當成口頭禪，臉上寫滿了懊悔。殊不知，不論過去多輝煌、多慘痛，都只是已經逝去的「歷史」。

這些過去的「歷史」對「現在」，甚至是「未來」根本一點幫助都沒有，拿來回味回味未嘗不可，但千萬別讓它們變成囚禁自己的牢籠。

即便我們過去犯了讓自己終身遺憾的錯誤，也無須一直耿耿於懷，反而應該將時間用在當下，做一些彌補錯誤的事。

一位老乞丐獨自在山谷中挖隧道，已經挖了十年的歲月。

有一天，一個年輕人突然現身在山谷中，手上拿著一把亮晃晃的彎刀，一個跨步將它架在老乞丐的脖子上。老乞丐長長地嘆了一口氣，鎮定地對年輕人說：「你終於來了，我知道你早晚會來找我的。」

年輕人兩眼血紅，憤怒地說：「十五年了，你以爲躲到這深山裡，我就找不到了嗎？殺父之仇，不共戴天！現在，你還有什麼話要說？」

老乞丐垂下頭，溫和地說：「我罪有應得，無話可說。但是，只求你一件事，請等我把隧道挖通後再殺我。」

年輕人冷笑說：「這又是爲了什麼？」

老乞丐語重心長地說：「當年，我殺了你的父親，你母親也因此而自殺。你母親死後，我深感罪孽深重、悔恨交加，立志要做一件大善事彌補我的罪孽。你看見了，這座懸崖阻斷了山後這個小鎮的出路，人們來往，得從懸崖上經過，既費時費力又危險，還摔死過不少人。因此，我決心在崖下挖一條隧道，供人們行走。我已經挖了十年，再過兩年就可以挖通了。」

年輕人說：「這樣一來，我不是還要等兩年才能殺死你？」

老乞丐說：「你已經等了十五年了，再等兩年又何妨？讓我做完了這件事，也是一件大功德啊！」

年輕人想了想，同意了。

老乞丐自知時日不多，更加勤奮地挖隧道。渴了，喝口清泉；餓了，吃個野果；體力實在不支時，才去鎮上討點糧食。

漸漸地，年輕人對他的頑強意志產生了敬佩之情。他年輕力壯又閒著無事，就幫著老乞丐運土抬石。

那天，他見老乞丐累得氣喘吁吁，就要接過鋤頭來挖土。老乞丐指著他的彎刀笑道：「君子善於利用器具，這把刀用來挖土也無不可。」

年輕人一試果然能用，於是便以刀爲鋤，幫著老乞丐挖土。

有一天晚上，年輕人被一條毒蛇咬傷腳趾，昏迷不醒，老乞丐用嘴吸出毒血，敷上草藥，細心照顧他。兩天後年輕人才醒過來，不解地問：「你爲什麼不趁機殺了我？」

老乞丐笑了：「殺了你，誰來爲你父親報仇？」

有了年輕人的幫助，隧道提前一年挖通了。老乞丐盤膝坐在洞口，微笑著閉上眼睛說：「動手吧，孩子，爲你父親報仇的時間到了。」

年輕人遲疑地舉起了彎刀，可是他的彎刀已經被磨成了一根沒有刃口的鐵條。年輕人突然扔下彎刀，伏地痛哭。

老乞丐睜開眼問：「孩子，這一天你等了十六年，怎麼還不動手？」

「你是我的老師，學生怎麼能殺死自己的老師呢？」年輕人哭著說。

每個人都會犯錯，這些錯誤可能造成一輩子的遺憾。爲此有些人忍受著痛苦，無法踏實地過日子，甚至放棄了往後的人生。這是多麼可悲的一件事啊！

電影〈蝴蝶效應〉裡，男主角一次又一次回到過去，在企圖改變人生的過程中，也爲未來帶來了後遺症。

過去是無法改變的，我們能做的只有接受現在，改變未來。

無論傷口有多痛、後悔有多深，總會有個出口讓自己感到自在，可以讓售苦的心靈休息，然後試著彌補過錯。老乞丐沒有逃避自己曾經殺人的事實，也因爲這樣，他才有機會感動一顆年輕的心。

他悔恨當年殺人之過，因此決心奉獻生命挖通隧道，爲世人造福。他的作爲雖然喚不回被殺害的兩條寶貴性命，卻換來更多生命安全的保障。更可貴的是，他的行爲挽救了另一個年輕生命。

如果年輕人殺了老乞丐報仇，不管理由如何，他的雙手將沾上血腥，一生也會背負著殺人的罪過，青春美好的生命必將蒙塵。

如果你也正爲自己的過錯而受到折磨，不妨找個可以讓自己安心的出口，想想下一步該怎麼做。學會放下，活在當下，把該流的淚水一次宣洩而出，別讓遺憾陪你渡過往後日子。哭夠了，就擦乾眼淚重新出發吧！

幼稚與天真不等於愚蠢

雙親是一個重要的職業，最安全且安心的做法，是把孩子當成朋友、夥伴來對待，父母親就能和孩子相互學習，一起成長。

金凱瑞曾在一部電影中飾演一名顛倒黑白的知名律師，經常放兒子鴿子、說話不算話。結果，他的兒子在生日的時候許願，希望父親永遠不能說謊，而這個願望成眞了。

多少的謊言才會讓一個小孩決定不再相信自己的爸爸？是多少的忽略讓小孩決定自力救濟？這部喜劇背後的意涵，值得成人細細思量。

安德魯三歲的兒子勒克，已經能夠清楚判斷眞實與虛幻。

有一天，電視上播出了美國總統約翰．甘迺迪的生平紀錄片，螢幕上剛好是甘迺迪年輕時在海上駕駛帆船的畫面。這時，坐在安德魯大腿上的勒克仰頭問爸爸：「爸爸，那個人是誰？」

安德魯回答：「約翰．甘迺迪，以前的美國總統。」

勒克又問：「他現在在哪裡？」

安德魯漫不經心地說：「他死了。」

沒想到勒克顯得非常激動，很快地抗議：「他沒死，你看，他不是還在比賽帆船嗎？」

安德魯對兒子的反應感到有趣，只好耐著性子解釋，但是勒克始終目不轉睛地盯著他看，彷彿想要從他的表情中判斷這些話是眞的還是假的。

勒克狐疑地問：「他眞的死了？他的一切都死了嗎？」

勒克一臉正經的模樣，讓安德魯忍不住想要發笑，但是他還是裝出嚴肅的表情說：「是的。」

勒克把注意力放回電視螢幕前，沒多久就又回過頭來問：「那他的腳死了嗎？」這下安德魯可忍不住了，哈哈大笑起來。

從此之後，勒克開始留心生死這個問題，每次父子兩人到樹林裡散步時，勒克會特別去留意樹林裡死去的小昆蟲、小動物，而安德魯也藉著這個機會對兒子進行生命教育。

安德魯對兒子說：「大部分的人認爲，人在身體死亡以後，還有一個部分仍然活著，那就是靈魂。雖然我們的眼睛看不見，但是我們的心感受得到，這種情況稱之爲『懷念』。」

儘管安德魯認爲對一個三歲小孩來說，這樣的話題可能太深奧了，但勒克卻聽得津津有味。

一年半以後，勒克的曾祖母過逝了。在守靈夜，曾祖母家裡來了許多賓客，都是前來緬懷她的親友。安德魯牽著勒克的手，也來到曾祖母的棺木前，見曾祖母最後一面。

勒克盯著曾祖母的遺體一會兒，然後輕聲地說：「爸爸，那個人不是老奶奶，老奶奶根本不在裡面。」

安德魯問：「那她在哪兒呢？」

勒克很自然地回答：「她在別的地方和人說話呢！」

安德魯蹲下來看著兒子，說：「爲什麼你這麼認爲？」

勒克嚴肅地說：「我不是認爲，我是知道。」

父子兩人相視一陣，而後勒克又說：「爸爸，這就是懷念嗎？」

安德魯欣慰地摸摸兒子的頭，輕聲說：「是的，這就是懷念。」

有些人不太知道要怎麼和小孩子相處，要不就是避而遠之，要不就是努力裝幼稚、裝白癡，好讓自己去理解小孩在想什麼、說什麼。

可是，小孩子其實也有自尊的，他們雖然年紀小，思緒還不成熟，但絕不是笨蛋，也不喜歡被當成笨蛋對待。他們或許天真，什麼都會相信，可這並不表示他們喜歡被人欺騙。

前述故事中，安德魯雖然總忍不住讓兒子勒克的天真童語給逗笑，但很可貴的是，他能夠以平等的態度來和兒子溝通。沒有蓄意做假與欺瞞，也沒有無禮的輕蔑與不屑，所以，他的兒子勒克能夠自發思考，學習處理生活裡的種種人生課程。

蕭伯納曾經直言不諱地說：「雙親是一個重要的職業。但是，從來沒有人為孩子進行這個職業的適性調查。」

孩子不能選擇自己的父母，爲人父母者，也不一定受過良好的職業訓練。因此，最安全且安心的做法，是把孩子當成朋友、夥伴來對待，父母親就能和孩子相互學習，一起成長。

凡事不要走一步算一步

成功的目標是由無數的步伐所完成，不過，沒有明確目標的步伐，再多的累積也只是錯印的足跡。

有位企業家曾說：「走一步算一步，那不能算是規劃。」

面對眼前和未來，你是抱著安於現狀，能進一步算一步的安逸態度，還是會給自己一個明確的目標，讓每一步都累積在達成夢想的基礎上？

一個下著傾盆大雨的午后，有兩個結伴行乞的窮困青年，又冷又餓地倒在大街上，動彈不得，雖然有許多路人經過他們的身邊，但是卻沒有人願意停下腳步，關心倒在地上的兩個人。

這時，有位年輕的女醫生撐著傘，走了過來，還停下了腳步，仔細地看了看他們，接著還幫他們遮雨，直到雨停，才帶著他們去填飽肚子。

這位天使般的女醫生名叫露絲，她的這個舉動，不僅深深地感動了這兩個乞丐，更讓他們對她同時都產生了情愫。

爲了得到這份愛，他們兩人決定展開一場愛的競爭。

這天，第一位乞丐深情地問著露絲：「小姐，妳可不可以告訴我，妳的男朋友是從事什麼職業嗎？」

只見露絲搖了搖頭說：「對不起，我沒有男朋友。」

於是，第一位乞丐又問：「那妳希望未來的男朋友是做什麼的呢？」

露絲側著頭，想了想：「嗯，最好是位名醫師吧！」

第一位乞丐聽到後，點了點頭，若有所悟地離開了。

接著，第二位乞丐也跑來了，他向露絲表白道：「小姐，我愛妳！」

露絲被他的驚人舉動嚇了一跳，連忙回答說：「對不起，我不會愛上一個不愛衛生的人。」

第二天，這位乞丐又出現在露絲眼前，不過，這次他不僅梳洗乾淨，還穿上了一套全新的衣裳。

只見他認眞且嚴肅地對露絲說：「小姐，我眞的很愛妳！」

露絲滿臉尷尬地說：「對不起，我不會愛上一個沒錢的人。」

第二位乞丐一聽，滿臉失望地離開了，從此以後，好幾天都沒有再出現。

過了一段時間之後，這位乞丐忽然興高采烈地出現。他對露絲說：「親愛的，我中了頭獎，有五百萬耶！這次，妳能接受我的愛了吧！」

但是，露絲仍然不爲所動，平靜地說：「對不起，你不是醫生，我想，我只會愛上一位醫生。」

過了幾年，第二位乞丐忽然又出現了，而且這次他還神奇地帶著一張醫師的執照證明出現。

他神氣地站在露絲的面前說：「親愛的，我想妳現在願意嫁給我了吧？」

沒想到露絲這次卻說：「對不起，我已經嫁人了。」說罷，露絲便挽著她身邊的丈夫，走進了醫院的大門。

這時，第二位乞丐仔細地看了她的丈夫一眼，原本沒看還好，這一看差點就昏了過去。

因爲，女醫生挽著的人，竟是當年與他搭伴行乞的第一位乞丐，如今他居然成爲這家大醫院的院長。

這樣的結果讓第二位乞丐非常不服氣，怒氣沖沖地質問第一位乞丐：「你到底用了什麼魔法？」

第一位乞丐冷靜地說：「你聽好了，我用的是心，而你用的卻是計謀，我的心始終是朝著一個方向，而你因爲太過急功近利，眼裡只有貪婪和慾求，以致於看不見眞正的目標。」

看著故事中的兩個主角，雖然兩個人的最終目標一樣，然而，第二位乞丐急躁短視，以為每一步都計算妥當，以為走一步便算前進了一步，但始終都沒有發現，事實上，每當他完成一步之後，等於又退回到了原點。

相較於另一位成功者，他不僅將愛意昇華，更懂得先找出未來目標，然後努力實踐，這樣的遠見、規劃與勇往直前的毅力，當然能按部就班地完成並實現他的目標。

坐在辦公桌前的你，究竟像其中的哪一位呢？

雖然，人生的路是一步又一步累積出來的，成功的目標也是由無數的步伐所完成，不過沒有明確目標的步伐，再多的累積也只是錯印的足跡。

選擇生命中真正需要的

每個人都有自己的價值觀念，什麼才是我們真正需要的？全都決定在我們現在對生命與生活的選擇。

星雲大師曾說：「無病是最大的利益。」

看看身邊的那些老人家，當你同時看見一個渾身是病的可憐老人，與一個依然健步如飛的老人時，在你心中，除了比較後產生的同情外，從中是否也得到了一些啓發？

在湯普森急救中心的大廳裡，掛著這樣一句話：「你的身軀龐大，但你生命中真正需要的僅僅是一顆心臟。」

這句話是美國好萊塢影星里奧．羅斯頓所留下來的名言。

那年，他在英國演出時，因為心肌衰竭而被送進這家醫院，搶救他的醫生們雖然用了最先進的醫療配備，但最後仍然沒能挽回他的性命。

臨終時，他不斷地喃喃自語，說的正是這句話。

巨星隕落，這家醫院的院長、胸腔外科專家哈登也非常傷心，當他聽見羅斯頓的這段遺言時，便決定把他刻印下來，並放在醫院裡最醒目的地方，希望能讓後人有所啓發。

羅斯頓去世的第四十年，美國的石油大亨默爾也因病住進了這家醫院，患的也是心肌衰竭。

不過，他的運氣比里奧．羅斯頓好許多，一個月之後，他終於病癒出院了。

但是，出院後的他卻沒有回到美國，繼續經營他如日中天的石油生意，而是賣掉了自己的公司，來到蘇格蘭的一間鄉下別墅，過著平淡的生活。

有一年，默爾參加湯普森醫院的百年慶典時，有位記者問他：「當年您爲什麼要賣掉如日中天的公司？」

默爾微笑地指著大樓上的那句話，答道：「是里奧．羅斯頓提醒了我。」

之後，默爾在他的傳記裡解釋：「巨富和肥胖並沒有什麼兩樣，它們一樣都是讓人獲得超過自己需要的東西罷了。」

原來，默爾由肥胖聯想到了巨富，頗有見地的他，不僅看見了多餘脂肪壓迫心臟的可怕，更看見了多餘的財富將拖累心靈的可能。

悟性頗高的默爾，其實眞正要告訴我們的是：「如果你想活得健康一點、自在一點，你必須把巨富和肥胖都捨棄。」

忙碌追求財富的現代人，經常因爲太過忙碌而忽略了正確的飲食態度，於是我們不斷地聽到或看到，許多辛苦大半輩子的人雖然財富豐收，在豐收的同時，卻也讓財富回收了他們的健康與生命。

每個人都有自己的價値觀念，然而看著故事中驟然病逝的羅斯頓遺言，我們是否可以想想，什麼才是我們眞正需要的？是融洽的親情、健康的笑容，還是你寧願渾身疲態地坐在金銀珠寶中？

我們出生不是爲了與人競爭或追逐物質，因爲再多的競爭始終都爭不過生命的消耗速度，再多的物質追逐最後也要化爲烏有，然後，我們也將變成被青春拒絕的老人。

只是，最後的結果是健步如飛，還是躺在床上奄奄一息，全都決定在我們現在對生命與生活的選擇。

在工作中發現快樂的元素

改變自己的工作態度，不再心生埋怨，每天出門時不忘記帶上笑容，我們自然而然會感受，甚至營造出歡樂的工作氣氛。

生活是否能過得快樂，向來只有我們自己的心態才能決定；而工作是否能充滿愉快氣氛，向來也只有靠我們自己營造。

「終生成就獎」是日本國家級的大獎之一，相較於其他重要獎項，對一向把榮譽看得比自己生命更爲重要的日本人來說，這項獎座更是人人夢寐以求的。只是，想得到這項殊榮並不是件容易的事。

許多日本社會中的精英，一輩子都以「終生成就獎」爲努力奮鬥的目標，正因爲有如此鍥而不捨的精神與明確目標，我們也才能不斷地看見，專心而專業的日本人，不僅爲自己創造出非凡的成就，更因爲他們突出而卓越的專業技能，讓世界各國都忍不住要說：「還是日本的品質好！」

有一次，在舉國上下都引頸期待與矚目的氣氛中，新的「終生成就獎」名單再次出爐了。但是，這次的得獎人卻令許多人跌破眼鏡，因爲他們竟然頒發給一位名叫清水龜之助的郵務士。

資料顯示，清水龜之助是東京的一位普通郵務士，每天的工作只是將各地收集來的郵件，正確無誤地迅速送到每一位收件者的手中。

正因爲這項工作看起來相當平凡，更沒什麼挑戰性與突破空間，與人們原本預期的，應該會頒給長期推動人類發展的科技專家們，實在差距太大了。

於是，有人質疑：「那個清水龜之助從事的工作，根本是微不足道啊！」

不久，頒獎人終於說出了清水龜之助得獎的原因：「沒錯，清水龜之助的這份工作確實微不足道，甚至可說是平淡無奇。然而，清水龜之助能夠獲得這個獎項的原因和過去所有的得獎人一樣，絕無爭議。」

這時其中一位評審站了起來，對著鏡頭說：「因為，他從第一天工作開始到今天，那份認真與執著始終如一，在他手中送出的郵件已經有億萬件。」

頒獎人點了點頭，接著說：「更重要的是，這億萬份的郵件全都安全無誤地抵達收件者的手中，他從來沒有出現過任何差錯，即使遇到了狂風暴雨或酷暑嚴冬，他都從未請過一天病假。甚至在幾年前發生大地震的那天，他還是堅守著自己的任務，將手中的郵件全部一一送到收件者的手裡。」

聽完評審們的這番解說，大家全都忍不住起身鼓掌，所有人也終於明白這個獎項的眞正意義了。

有人曾經問清水龜之助：「面對這樣平淡的工作，為什麼你能做得那樣開心，還能數十年如一日地做好它？」

只見清水龜之助微笑地說：「會平淡乏味嗎？不會啊！我每天都過得很快樂啊！我每天從工作中得到的快樂可多著呢！你知道嗎？每當人們接到遠方親友寄

來的信時，臉上那份發自內心的快樂和欣喜表情，實在相當動人。爲了天天都能看見這些快樂而美麗的表情，我當然要更加努力囉！」

看見清水龜之助能如此快樂地工作，相信羨煞了不少人吧！

或許，你也很想和清水龜之助一樣，擁有如此快樂的工作氣氛和喜悅吧？

從清水龜之助的工作態度中，我們明白，原來生活不會有平淡的時候，一切的平淡滋味，其實是源自於我們對工作漠視。因爲不懂得從工作中發現樂趣與價值，所以才無法像清水龜之助那般，盡情地享受工作中的樂趣。

希望工作充滿快樂一點也不難，只要我們能改變自己的工作態度，不再心生埋怨，每天出門時不忘記帶上笑容，那麼我們自然而然會感受，甚至是營造出歡樂的工作氣氛了。

正在工作崗位上忙碌的你，從清水龜之助的工作態度中，是否也看見了工作中的快樂元素呢？

2.

勇敢面對弱點，才能克服缺陷

即使是幾乎完美的人，
也會有無法克服的缺陷，
必須面對自己的問題，
這些負面情緒或習慣絕對沒有你想的那麼糟糕。

小小的付出，將有意外的收穫

只是一個簡單的小動作，就可以拯救一條寶貴的生命，能夠讓人知道，壞事絕對沒有自己想的那麼壞。

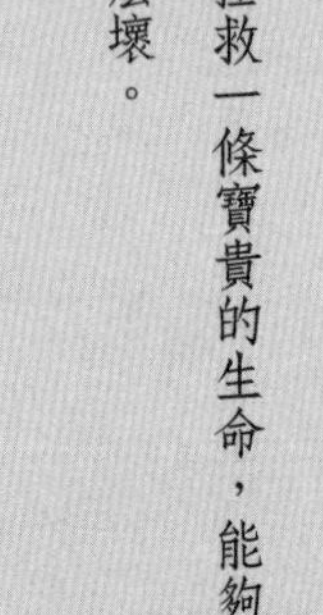

我們應該都有過這樣的經驗，某些隨口說出的無心話語，對方卻永遠記在心底。究其原因，原來是這番話傷到對方的自尊，或是給對方從未有過的鼓勵和肯定。

所以，當我們跟別人互動時，必須小心謹慎，因爲一句不經意的話，一個不以爲意的小動作，眞的可能會改變別人的一生。

十九歲的伯傑是一個富商的兒子。

一天晚餐過後，伯傑坐在院子的涼亭裡欣賞深秋美妙的月色，突然看見窗外的街燈下站著一個和自己年齡相仿的年輕人，身上穿著破舊、寬大的外套，使得消瘦的他更顯得羸弱。

伯傑打開院子的門，走向那位年輕人，問他爲何不畏冷風站在那裡。

年輕人帶著靦腆的神色，對伯傑這麼說：「我一直有一個夢想，就是擁有一座寧靜的房子，晚飯之後站在窗前欣賞美妙的月色，可是這些對我來說，實在太遙遠了。」

伯傑聽完後說：「那麼請你告訴我，離你最近的夢想是什麼？」

「我現在的夢想，就是能夠躺在一張寬敞的床上舒服地睡上一覺。」

伯傑拍了拍他的肩膀說：「朋友，今天晚上我可以讓你夢想成眞。」

說完，伯傑請那位年輕人走進富麗堂皇的屋內，帶他到自己的房間，指著豪華的軟床說：「這是我的臥室，睡在這兒，保證像天堂一樣舒適。」

然後，伯傑就到離開房間，到客房休息。

第二天清晨，伯傑很早就起床了。他輕輕推開自己臥室的門，發現床上棉被疊得整整齊齊，沒有人睡過的痕跡。伯傑疑惑地走到花園裡，卻看到那個年輕人抱著自己單薄的外衣，躺在涼椅上甜甜地睡著。

伯傑叫醒他，不解地問：「你怎麼會睡在這裡，不是想躺在寬敞的床上舒服地睡覺嗎？」

年輕人笑了笑說：「你給我的這些已經足夠了，謝謝。」說完，年輕人頭也不回地走了。

三十年後的某一天，伯傑收到一封精美的請柬，一位自稱是他「三十年前的朋友」的男士邀請他參加一個湖邊度假村的落成慶典。

伯傑欣然前往。在那裡，他不僅領略了眼前典雅的建築，也見到眾多社會名流。接著，他看到了發言的莊園主人。

「今天，我首先要感謝的就是在我成功路上，第一個幫助我的人。他就是我三十年前的朋友——伯傑……」他在眾多人的掌聲中，走到伯傑面前，緊緊地擁抱他。

此時，伯傑才恍然大悟，眼前這位名聲顯赫的大亨，原來就是三十年前那位貧困的年輕人。

《心靈雞湯》中，有一篇關於打算自殺的小男孩的故事。原本對生活心灰意冷的小男孩，因爲回家途中碰到一位同學，幫忙自己拾起掉落在地上的書本，而改變自殺的念頭。

只是一個簡單的小動作，就可以拯救一條寶貴的生命。

舉手之勞對你我來說可能只是幾秒鐘的事情，卻可能影響他人的一生，何不伸出溫暖的雙手呢？

伯傑讓年輕人在大房子裡住宿的那個夜晚，給予了年輕人日後奮鬥的勇氣和希望。當伯傑把年輕人帶進寢室的那一瞬間，讓他相信了自己的夢想一定會成眞的一天。

一句話、一個眼神、一個動作，都會讓人產生兩種完全不同的想法。人可能因為一個輕蔑眼神而奮發圖強，也可能從此自暴自棄、一蹶不振。可以肯定的是，溫暖的手會帶人走到陽光之下，能夠讓人激發正面的能量，從此走上人生的轉捩點。

與此同時，不妨提醒自己：如果一個不經意的小動作都可以影響到陌生人，那麼對於自己親愛的家人和朋友，是否要多付出一點關懷和溫暖呢？

勇敢面對弱點，才能克服缺陷

即使是幾乎完美的人，也會有無法克服的缺陷，必須面對自己的問題，這些負面情緒或習慣絕對沒有你想的那麼糟糕。

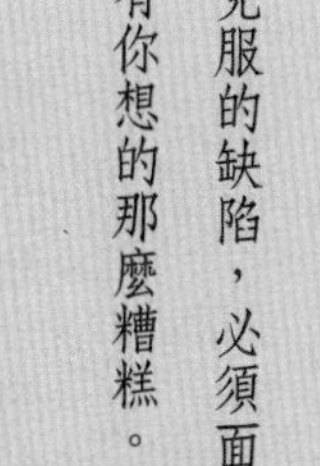

只要是人，都會有無法克服的缺陷。

對於這些缺陷，很多人通常都採取「視而不見」或者放任、逃避的態度，一直等到吃了大虧，才會徹底醒悟過來。

其實，克服缺陷並沒有想像中困難，只要不再「視若無睹」，採取正視的態度去面對，不僅能夠輕鬆克服，還可以將這些原本是人生阻力的缺陷，當成時時提醒自己的寶貴經驗。

一八六七年，小說家杜斯妥也夫斯基和安娜結爲伉儷。同年四月，他們出國旅行，第一站是德雷斯頓。

在那裡，杜斯妥也夫斯基嗜賭濫賭的本性顯露無遺，隻身前往漢堡「試試手氣」。兩天後，他輸得一乾二淨，不但寫信要妻子送錢過來，還得當了手錶，才能籌措足夠的路費回德雷斯頓。回去後，他還整天嘮叨不停，認爲自己是因爲賭本不夠，所以才無法翻本。

不久，杜斯妥也夫斯基收到《俄羅斯郵報》編輯部匯來的錢。於是，前往日內瓦途中在威斯巴登逗留期間，他又跑去賭博，而且將現款輸得精光。

不服氣的他，還把妻子的結婚戒指、衣物送進當舖，當來的錢當然又輸得一毛也不剩。

有一次他贏了將近四千三百個塔列爾（舊時德國一種三馬克的銀幣），安娜苦苦哀求，勸告他不要再賭下去，可是杜斯妥也夫斯基無法克制自己，又走進賭場，兩三個小時後，就把那筆錢輸掉了，只好再典當衣物。

付不起房租的夫妻倆只好搬到一處偏僻、簡陋的房子。那裡的樓下是一家打鐵舖，從早到晚爐火熊熊，鐵鎚叮叮噹噹的敲打聲不絕於耳，夫婦兩人苦不堪言，無奈的安娜只好向母親求援。

錢匯來了，安娜費盡辦法才把丈夫弄上開往日內瓦的火車，兩人在國外生活的噩夢才告結束。

在日內瓦時，杜斯妥也夫斯基忍不住又去賭博，同樣慘敗。從賭場回來的他臉色蒼白、焦躁不安，甚至站都站不穩，精神呈現恍惚狀態。碰到再也拿不出錢去賭，又借貸無門的時候，他便陷於極端絕望之中，跪到妻子腳下放聲大哭，祈求饒恕。

賭場上的挫折破壞了作家的情緒，再加上輸錢爲生活帶來的困窘，使得他長期坐臥不寧，無法安心從事寫作。神經過度緊張的他還癲癇病發作，健康狀況不佳。

連安娜也感到奇怪，丈夫的一生中能夠勇敢承受那麼多不幸，如坐牢、上斷頭台、流放……為什麼卻無法控制自己的意志，讓嗜賭的狂熱吞沒整個身心，陷在賭博的泥淖中不能自拔？

安娜曾在回憶錄中寫道：「我覺得，這甚至是他的一種恥辱，是他高尚人格的缺陷。對我親愛的丈夫的這個弱點，我感到痛心和難過。」

每個人都有弱點，即使是個幾乎完美的人，也會有無法克服的缺陷，這可能是一種心理疾病、情緒長期壓抑下的個人問題。

有些看似與一般人沒有兩樣的人，背後卻隱藏讓人無法想像的負面情緒。當有一天再也無法控制自己時，就會一發不可收拾。

例如憂鬱症、躁鬱症、強迫症等精神方面的疾病，很多人沒有察覺，甚至不認為自己有這方面的問題，從不注意照顧這類特殊情緒，因而把自己和親人的生活搞得一團糟。

導致精神壓力的元素太多，但很多都是能預防、改善的。最重要的是，必須面對自己的問題，尋求正當的求助和發洩管道，讓家人和朋友知道這件事，請他們當你的支柱，才不會影響到往後的人生。

賭博、暴飲暴食、購物狂、極度興奮和憂鬱……等等行為，都是身體出現問題的徵兆，可能是精神或生理上發生問題。

如果有一天你發現自己哪裡不對勁，不要太恐慌或置之不理，應該勉勵自己勇敢面對。仔細分析自己的情況後，再決定尋求何種專業管道幫助自己，這些負面情緒或習慣絕對沒有你想的那麼糟糕。

興趣，使生命更有意義

只要有了衷心喜愛的興趣，不管人生得遭受多少挫折，都不會影響你對生命的熱情，因為興趣使你的生活更有意義。

有人說：「興趣不能當飯吃，卻是每個人不可或缺的精神食糧。」

的確，興趣或許無法讓我們事事如意，卻能夠紓解我們的壓力；興趣或許無法讓我們的物質生活有所提振，卻可以在面對繁忙的工作時，調劑我們的身心；興趣或許無法讓我們出人頭地，卻能夠讓生命變得更有意義。

因此，一個人除了要不斷精進賴以爲生的專長，還要培養一兩項在工作之餘，可以讓自己生活更加多采多姿的興趣。

諾曼．卡曾斯寫的《一個病理的解剖》一書中，描述了一個關於上世紀最偉大的大提琴家卡薩爾斯的故事。

卡曼在卡薩爾斯九十大壽前不久見過他。

據卡曾斯描述，他實在不忍心看那老人過的日子，他是那麼衰老，加上患有嚴重的關節炎，得讓人協助才有辦法穿衣服。

呼吸對他而言是那麼費勁，看得出患有肺氣腫；走起路來顫顫巍巍，頭不時地往下顫；雙手有些腫脹，十根手指像雞爪般彎曲著。

從外表看來，他眞的是老態龍鍾。

就在吃早餐前，卡薩爾斯貼近鋼琴，那是他擅長的樂器之一。他很吃力地坐上鋼琴凳，顫抖地把那腫脹的手指抬到琴鍵上。

剎那間，神奇的事發生了。

卡薩爾斯突然像完全變了個人似的，透出飛揚的神采，隨著他的彈奏，身體也跟著律動起來，彷彿是一位健康、強壯、柔軟的鋼琴家。

他的手指緩緩地舒展移向琴鍵，好像迎向陽光的樹枝嫩芽，他的背脊直挺起來，呼吸也似乎順暢多了。彈奏鋼琴的念頭，完全改變了他的心理和生理狀態。當他彈奏巴哈的一首名曲時，是那麼純熟靈巧，絲絲入扣。當他彈奏勃拉姆斯的協奏曲時，手指在琴鍵上像游魚似地輕快滑動。

卡曾斯寫道：「他整個身子像被音樂溶解，不再僵直佝僂，取而代之的是柔軟和優雅，不再爲關節炎所苦。」

當卡薩爾斯演奏完畢，離座而起之時，站得更挺，看得更高，走起路來也不再拖著地。他輕快地走向餐桌，大口地吃著早餐，然後走出家門，在海灘的清風中漫步。

由於卡薩爾斯熱愛音樂，音樂的力量也爲他的人生注入生命力，讓他每一天都能有個美麗的開始。

音樂是他的信念，也是他的興趣，更是他活下去的支柱。

常聽到很多人退休之後，就失去生活的目標，不僅老化得特別快，還容易出現老年失智的傾向。這是年紀大了之後普遍會遭遇到的問題，甚至可以從一個人年輕時就看出端倪。

回想一下，自己除了上班之外，有沒有特別的娛樂或興趣？還是到了假日只能坐在電視機前面打發時間，無聊的時候只能睡覺、發呆？

培養自己的興趣很重要，或許現在身邊有朋友、伴侶、孩子的陪伴，不至於讓你覺得無聊，可是總有一天，朋友有自己的家庭，伴侶可能比你早一步辭世，孩子也會長大、離家。如果你只能倚靠身邊的人來渡過無聊時間，那是一件很危險的事。

培養多種興趣能讓你的生活過得更精采，讓你的人生有多一點選擇，不受生理與外力的影響，更能從中發覺自己的潛力。只要有了衷心喜愛的興趣，不管人生得遭受多少挫折，都不會影響你對生命的熱情，因爲興趣使你的生活更有意義。

不自以為是，才不會破壞好事

人們很容易陷入「自以為精明」的情況中，還沒了解情況時別輕下判斷，以免「好事」反而變成了「壞事」。

越是精明的人，越容易陷入「自以爲是」的窠臼之中，殊不見，事情的結果還渾沌未明之前，這些「精明」的人，往往認爲自己的辦法最好最厲害，卻不知道，那些欠缺通盤考量、只顧及眼前的辦法，根本欠缺遠見，一點也禁不起考驗。

人可以精明，卻不能精明過了頭，因爲「自以爲是」會阻礙視野，看不見盲點，讓原本的「好事」變「壞事」。

南非的德塞公園是經由國際招標建設而成的，得標者是一家德國設計公司。建造公園的過程引起很多爭議，建成之後，市民們更是不滿意，到處挑毛病，批評的聲浪不絕於耳。

後來南非人再建另一座公園時，就不再採用外國人的意見了。二十世紀七〇年代，南非人自己動手修建了一個很大的公園——克克娜公園。

克克娜公園建好之後，南非人都非常高興，紛紛叫好。但想不到兩年後，南非人的看法卻發生了驚人的變化。

原來有一年雨季一來時，克克娜公園就被大水淹沒，德塞公園卻沒有一點積水的痕跡。因爲德國人不但在整個公園下建了水道設施，還將整座公園墊高了兩尺，這是當初民衆不能理解的地方，直到大水到來，大家才恍然大悟，並爲如此先知的設計感到驚奇。

南非人民在克克娜公園舉行集會時，秀麗的公園大門因爲過於狹小，常讓人感到十分擁擠，甚至造成了安全事故。這時人們才想到過去對德塞公園寬闊大門給予的批評，認爲自己當初很傻。

炎熱的夏季，逛克克娜公園的人們更爲憤怒，因爲它遮陽的地方太少，所謂的涼亭只是周圍的一些花架，根本容納不了多少人。而德塞公園納涼的亭子寬廣舒適，能容納許多人。

幾年後，克克娜公園的石板地磨損嚴重，不得不翻修。德塞公園的石板地卻堅如磐石，歷久彌新。

可是，當初卻因爲德塞公園的石板路投資過高，南非人差點叫負責的德國公司停工。當時的德國人非常固執，十分堅持自己的做法，毫不讓步，雙方更因此爭得臉紅脖子粗。當地人曾一度認爲，德國人做事太死板、太愚笨，不懂得靈活變通。現在看來，德國人是對的。

還有草坪，南非人認爲德塞公園的草坪面積過大，有點浪費，對此也隱隱不滿。現在卻讓人覺得剛好，克克娜公園的草坪就顯得小多了。

德國人在設計時，考慮到了南非各方面的需求，包括天氣、季節、地理、環境和人口。南非人自己卻沒有顧及這些，他們竟然沒有德國人熟悉自己生活的環境與狀況。

德塞公園建完後，多年來都沒有發生大問題，克克娜公園卻不時修修補補，這些修復的錢甚至可以再建一座德塞公園了。

有人曾經問德國同行：「你們怎麼會這麼精明？」

德國人回答：「我們只是實在，並非精明。精明的倒是你們南非人。」

你的身邊是否有這種自以爲是的人？這些人的特點是自以爲厲害，藉著一些小伎倆和可笑的理由，就妄想掌控大局，否定他人的意見，最後搞得一團亂後，還得別人幫忙擦屁股。

現代社會中，每個孩子都是家裡的心肝寶貝，常見家長不弄清楚是非過錯，就將所有的責任推給學校和老師，搞得全校烏煙瘴氣，才回頭來問老師：「你會不會因爲這樣就不肯好好照顧我的孩子？」

雖然老師口中說不會，但是所有的老師都有一個共識，以後只要碰到這個孩子的問題，就儘量不去理會，他想怎樣就怎樣，免得惹禍上身。

老師們的做法或許很消極，也有些爭議，但也難爲他們會如此，畢竟面對無理的家長，大家只能明哲保身、自求多福。

那麼，吃虧的是誰？當然是孩子和家長，因爲再也沒有人敢「管教」孩子不對的行爲，只能放任他自己「發展」了。

糟糕的是，這類干涉老師管理方式的家長愈來愈多，他們認爲這是爲了孩子著想的「正確」做法，卻耽誤孩子接受教誨的最佳時機。

導致這些問題發生的原因是，沒有先做到「了解別人」，就輕率做出判斷。就像南非人沒去探討德國人如此建造公園的背後動機，只有拼命批評與毀謗，等到自己建設公園時，自然無法從中得到經驗。

人們很容易陷入「自以爲精明」的情況中，我們應該時時警惕自己，還沒了解情況時別輕下判斷，以免「好事」反而變成了「壞事」。

放下包袱才能輕鬆上路

放下該放下的，也丟開不必要的擔心吧！輕裝上路，你才能快樂前進，也才有足夠的力氣與空間，容納沿途發現的珍寶。

在人生各個階段中，定期解開你身心上的「包袱」，才能隨時找到減輕壓力、負擔的方法。

有一年，英國著名作家理查·賴德和一群好友相約，準備到東非去探險。

抵達目的地時，他們這時才知道，東非正逢乾旱，氣候酷熱難耐，這趟旅程恐怕會比想像中的還要艱辛、漫長。

為了生活上的方便，與安全地抵達目的地，理查在出發前，追加了許多生活用品。看著滿滿的物品，理查對自己如此周全的準備相當滿意，因而對朋友們說：「對於這次的旅程，我已經做好充分的準備了。」

只見，理查和友人們背起了大小行囊，來到了東非的一個小村子，並尋找這次探險的導遊。

不久，當地的酋長帶來了一名經驗豐富的村民。

出發前，他們依照慣例，請導遊檢查他們的裝備是否齊全。

然而，就在檢視理查的行囊時，導遊突然停下動作，轉身問道：「理查先生，你認為，你有必要帶這麼多沉重的東西嗎？你認為，這些東西能為你帶來安全和快樂嗎？」

理查聽見時，忽然楞住了。

看著塞爆物品的背包，剛剛背著它走路，確實是件沉重的負擔，未來還有好長的一段路要走，肯定會更加辛苦。

爲此而陷入沉思中的理查，忽然想到：「背著這麼多的東西上路，真的有必要嗎？這些東西眞的都是必要的嗎？背著這麼多的東西，會讓我的旅途充滿快樂嗎？」

於是，理查再次整理他的背包，更發現背包裡的東西的確有很多是非必要的，只是他仍有點遲疑。導遊見狀，忍不住又說：「輕裝上路吧！」

理查一聽，笑著點了點頭，將所有不必要的東西全拿了出來，贈送給當地的村民，一下子讓原本沉重的背包縮小許多，當然也變輕了許多，而他也發現，自己在情緒上似乎也有了小小的變化，那是一種卸去重擔的快感，減少束縛的自在感。

少了負重前行的疲累和煩惱，這趟旅途對理查來說，無疑是全新的體驗，因爲輕裝前進而變得輕鬆愉快，雖然氣候酷熱，心情卻滿是喜悅，觸目所及更是處處皆趣味盎然。

這次經驗也讓理查深刻地體悟到：「生命裡塡塞的東西愈少，就愈能發揮潛能。」

因爲「擔心」，我們總是不斷地給自己不必要的壓力，也因爲「放不下」的心情，讓我們經常背負著不必要的沉重包袱。這些都是拖累我們生活步伐的重要原因，也是阻礙我們思維靈活變通的主要原因。

「你快樂嗎？」當故事中傳遞出這樣的疑問時，你是否也忍不住重新審視著自己，發現自己看見了什麼問題？

你是否也和導遊一樣有著相同的反思：「身上背負著那樣沉重的包袱，怎麼能輕盈前進，享受旅途中的美麗呢？」

放下該放下的，也丟開不必要的擔心吧！輕裝上路，你才能快樂前進，更重要的是，你也才有足夠的力氣與空間，容納沿途發現的珍寶。

不要讓生活有生鏽的機會

生活中最快樂享受的事，不是事業上的成就或財富的累積，而是了解生命的價值，且積極地享受生活的樂趣。

無論我們的生命狀態如何，只要生命尚未結束，我們都要用最積極的態度面對人生、享受人生。

一九八一年，美國第四十八屆總統大選中，五十七歲的卡特被共和黨的雷根擊敗，一時間，卡特感到有些茫然不知所措。

雖然他的退休年薪，足夠他安享晚年，但是卡特卻不想如此虛度，很快地，他重新振作，將生命的活力投注在木匠生活中。

他開始爬上屋頂，爲窮人們整修房屋，還親手製作桌椅、板凳來餽贈親友，手藝一點也不比巧匠遜色。

不久，種花生出身的卡特在亞特蘭大創建了卡特中心，提供窮苦人家各種服務，例如免費的醫療服務，或是治蟲救災，還傳授農作物技術，讓他們學會一技之長。

此外，卡特也投入國際事務，經常擔任總統特使，奔走於中東地區，最後榮獲諾貝爾和平獎。

他在《晚年的優勢》一書中寫道：「把這幾年和我擔任公職期間相比，我從總統職位上退下來後的成就更大，日子也比當總統時活得更自在。」

在書中，他還給讀者一個建議：「不要把物質財富視爲衡量成功與失敗的標準，有許多我們看不到的東西，其實都要比物質財富更加重要。這些看不到的重要東西就是：正義、謙和、奉獻、寬容、同情和愛心，這些才是衡量生活的重要標準。」

連後來卸下美國總統一職的柯林頓，面對自己的「下台」生活時，也這麼對記者表示：「卡特總統是一個很好的榜樣，希望在離職後，我不會成爲一顆生鏽的釘子。」

從未停止追求、勞動和奉獻的卡特，不僅讓晚年的生活更加充實豐富，更讓他的人生變得更加完整、美麗。

我們經常看見許多人，在生命的尾聲中不斷地增亮生命餘光，他們不僅積極學習，也更勇於突破自己，歷經了大半人生，他們一點也不願意生命就這麼草草地結束。

他們其實和卡特一樣，對自己都有著相同積極而樂觀的期許：「不要讓生活生鏽了！」

曾經有位八十幾歲的老奶奶如此說道：「年紀都這麼大了，如果還老是顧慮那麼多，那活著還有什麼意思？都這麼老了，如果不好好把握住現在，還能把握住什麼？」

這位老奶奶便在家人的支持下，不僅前進北極，還曾到亞馬遜河探險，這樣的活力和精神相當動人，更讓一向自負年輕的我們相形見絀。

從卡特的人生體悟中，我們明白，原來生活中最快樂、最享受的事，不是事業上的成就或財富的累積，而是了解自己生命的價值，並且積極地享受來自生活的各種樂趣。

不要用金錢的角度衡量事情的價值

有付出就應當有回饋，不要從金錢的角度去衡量事件的價值，因為其中真正的價值是你的付出。

雖然大家都知道「職業不分貴賤」的道理，但是日常生活中，我們還是會聽到有人忿忿不平，不是抱怨自己的工作比別人卑賤，就是抱怨收入比起別人少得可憐。

其實，「勞力之財不自卑」，只要是理所應得，我們就不必在乎收得的是大錢小錢，或是自己的工作卑微與否。

因爲，其中的價值衡量始終都在我們的心中，正如出身於「小人儒」階級的

孔子，不也曾大方地說：「吾少也賤，故多鄙事。」

在一個又髒又亂的候車室裡，有一位滿臉疲憊的老人家，正坐在靠門邊的位置，只見他的全身都是塵土，鞋上也沾滿了污泥，似乎剛走完一段漫長又辛苦的路途。

當列車緩緩進站，站務員開始剪票，老人家也急忙地從座位上站了起來，準備前往剪票口。

忽然，有位胖女人提著一個很大的箱子走了進來，似乎是趕著要搭上這班列車，問題是箱子實在太笨重了，累得她不斷地喘氣，不時停下來休息。

這時候，胖女人瞥見正在前進的老人家，連忙衝著他喊道：「喂，老頭子，麻煩你幫我提一提這個箱子，我待會兒會給你小費。」

老人家回頭看了看，便走過去幫忙，並一塊兒和胖女人朝著剪票口方向走去，當他們才剛踏入車廂，火車便啓動了。

胖女人這時抹了抹汗，慶幸地對這個老人說：「多虧你了，不然我肯定要錯過這班車子。」

說著，她拿出一塊美元給老人家，老人家也微笑地接過。

這時列車長走了過來，看見了老人家，便笑著問候：「洛克菲勒先生，你好啊！歡迎您乘坐本次列車，有沒有需要我幫忙的地方呢？」

「謝謝，不用了，我只是剛完成一趟爲期三天的徒步旅行，現在我要回紐約了。」老人家客氣地回答。

「什麼！洛克菲勒！我竟然讓著名的石油大王提箱子，還給了他一塊美元的小費，我這是在做什麼啊？」

胖女人忽然驚聲叫喊道，接著又連忙向洛克菲勒道歉。

只見洛克菲勒笑著說：「夫人，妳不必道歉，妳沒有做錯，這一塊美元是我賺來的，所以我必須收下。」

說著，洛克菲勒鄭重地將這一塊美元，小心翼翼地放進了口袋裡。

從胖太太和石油大王洛克菲勒互動的這則軼事中，我們其實看見了人們對於價值認定的不同。

就胖太太的觀念裡，也許我們也和她想的一樣，那樣有錢的人對這區區一塊錢肯定不屑，說不定還會感到被羞辱。

但事實上，對身為成功企業家的洛克菲勒來說，有付出就應當有回饋，所以他在故事中的表現意義，正是要說：「財富的價值並不在於金錢數字上，而是在交換金錢時的那個付出，即使只有一塊錢，也理應得到，一點也不需要因此而感覺羞愧。」

我們再將之延伸，其實故事中的旨意是要告訴我們，不要從金錢的角度去衡量事件的價值，因為其中真正的價值是你的付出，至於洛克菲勒的成功，正在於他懂得什麼是「取之有道，理所應得」的道理。

快樂做事，才是享受生活的方式

不管是在工作上還是生活中，培養積極、勤奮的生活態度是最重要的事。積極快樂地生活，自然能擺脫無謂的煩惱與憂愁。

不要以爲挑些簡單、輕鬆的事，就可以避開麻煩與困難，老想著偷懶的人，即使再簡單的事，一到他的手中，也會變得比別人更加艱難。

何必斤斤計較分工平均與否，或是哪件事比較簡單，哪件事比較困難？輕鬆事只會落在那些「隨遇而安」的人手中。

對他們來說，任何事都是輕鬆簡單的任務，至於斤斤計較的你，之所以老是挑到困難事，只因你總是這麼想：「別人的任務永遠都是最輕鬆的！」

美因茲的一位主教認爲：「一個人的身心就像磨子一樣，把麥子放進去，它會把麥子磨成麵粉；如果你不把麥子放進去，磨子依然會照常運轉，但卻不會磨出麵粉來。」

主教的意思是要提醒人們，勤勞的人才能得到生活的成果，一個無所事事的人，不管人緣多好，或名聲如何響亮，當他終日游手好閒時，無論如何是不可能獲得生活的樂趣與幸福感的。

試想這樣的生活，一早起來，吃完早餐後，便無所事事地過完一天，接著吃完晚餐後，便上床睡覺，你是否反而覺得手足無措呢？

人是活的，沒有人能適應「無所事事」的生活狀態。所以我們看見許多老人家，即使人們都告訴他：「好好地享受生活！別再那麼忙碌了。」但是，我們卻發現，他們一點也不聽勸說，生活仍然非常「忙碌」。有人每天種花養草，有人則是重拾書本，就像有位七十歲的老爺爺說的：「我一點也不想坐著等死，何況做這些事我一點也不覺得累。」

從他們身上，我們看見生活的熱情，也得到生命的啓發：「活著，就要積極地動起來！」

熱愛生命的最好方式，就是勤快地生活。

不管是在工作上還是生活中，培養積極、勤奮的生活態度是最重要的事。熱愛你的工作，快樂地做每件事，才是享受生活的最佳方式。

較之於失業已久或坐臥在病榻上的人來說，忙，眞的是一件好事。能活力十足地行動著，表示你身強體健，不必忍受疾病的折磨。能在工作中積極忙碌，表示你的工作穩定，不會有失業裁員的恐懼。

面對著這麼多「好事」，你又怎能不熱情工作，盡職地完成每一件事呢？積極快樂地生活，自然能擺脫無謂的煩惱與憂愁，因爲在我們的腦海中，只會出現「勤勞」與「快樂」的生活能量！

3.

換個角度，改變生活態度

並不是所有心願都能實現，
但只要換個角度想，
就會發現「壞事」說不定都是「好事」。

換個角度，改變生活態度

改變自己的想法，別執著於過去的夢想。並不是所有心願都能實現，重新再做一個夢，你將會快樂許多，人生也會更有意義。

很多人覺得不快樂，是因爲只看到自己缺少的部份，又不珍惜自己擁有的。

有些人一天到晚活在幻想世界，從來不肯面對實現的一切。

還有一些人，只會羨慕別人，老覺得自己不得志，一味抱怨，卻又不願努力改變，眼裡只看到別人光鮮亮麗的一面，選擇性忽略勞心勞力的一面。

事實上，如果可以平心靜氣地接受現實生活，如果願意爲取得更好的生活品質付出一些代價，那麼我們的人生應該會變得比以前快樂。

當艾倫還是個孩子時，夢想住在有著花園的大房子裡；娶一個美麗善良的太太，有著烏黑的長髮和碧藍的眼睛，她會彈琴，也會唱歌，琴聲美妙、歌聲悠揚；有三個健壯的兒子，他們長大之後，一個是傑出的科學家，一個是參議員，最小的兒子要成爲橄欖球隊員。

他自己要當一名探險家，登上高山、越過海洋去拯救人類；擁有一輛紅色的法拉利跑車，千萬不要爲了衣食辛苦奔波。

可是有一天，艾倫在玩橄欖球時，膝蓋受傷了。他再也不能登山，不能到海上航行，於是開始研究市場銷售，成爲一名醫藥推銷商。

後來，他和一位漂亮善良的女孩結了婚。她的確有一頭烏黑的長髮，不過眼睛是棕色的；她不會彈琴，也不會唱歌，卻能做美味的中國菜，畫的花鳥更是栩栩如生。

爲了經商，艾倫住進城中一座高樓裡。在那兒，他可以俯看蔚藍的大海和城市的夜景。他沒有花園，不過養了一隻惹人喜愛的小貓。

他有三個非常漂亮的女兒，但幼女因爲一場大病，只能坐在輪椅上。他的女兒們都很愛他，但不能和他一起玩橄欖球。

爲了使生活過得舒適，艾倫努力工作，賺了很多錢，卻還是沒能開上紅色的法拉利跑車。

一天早晨，艾倫醒來，回憶起兒時的夢想。

「我眞是太不幸了。」他對最要好的朋友說。

「爲什麼？」朋友問。

「因爲我的妻子和夢想中不一樣。」

「你的妻子既漂亮又賢慧，她的畫能感動人，又能做美味的菜餚。」

艾倫對此卻不以爲然。

「我眞是太傷心了。」有一天，他對妻子說。

「爲什麼？」妻子問。

「我夢想住在有花園的大房裡，現在卻只能住在十八層高的公寓。」

「可是我們的房子能看見大海，我們生活在歡樂中，更不用說我們還有三個漂亮的孩子。」

但艾倫聽不進去。

「我實在是太悲傷了。」他對他的醫生客戶說。

「爲什麼？」醫生問。

「我曾夢想成爲一名偉大的探險家，現在卻成了一個禿頂商人，而且膝蓋還有殘疾。」

「可是，你提供的藥品挽救了許多人的生命。」

艾倫對此卻無動於衷。

「我簡直太不幸了。」他對他的會計說。

「怎麼回事？」會計問。

「我希望自己開著一輛紅色的法拉利跑車，而且沒有生活負擔。可是現在，我卻只能開著普通的車子，還要被迫去工作賺錢。」

「可你卻衣著華麗、飲食精緻，而且還能去歐洲旅行。」

艾倫沒有在聽。

「我的確是太不幸了。」他對他的牧師說。

「爲了什麼？」牧師問。

「我夢想有三個兒子，卻生了三個女兒，最小的那個甚至不能走路。」

「但是，你的女兒個個聰明又漂亮，她們都很愛你，而且都有很好的工作。一個是護士，一個是藝術家，小女兒則是一名兒童音樂教師。」

但是，艾倫一樣聽不進去。

極度的悲傷終於使他病倒了。一天夜裡，他無法入睡，便躺在黑暗中思考，天亮時，他終於決定重新做一個夢。

從此，他的生活充滿了陽光。

故事中的藥商擁有的已經比一般人好上太多，但是他太在乎自己缺少的部分，因此無法享受現有的幸福，直到生了一場大病後，才恍然大悟。

某個命理節目的大師曾就八字分析哪種人的生活會過得比較坎坷。大師提到，有一種人會過得不愉快、不順遂的原因是，他只想著要過「某」種生活，無法實現時，就感到痛苦萬分。

最好的解決辦法，就是改變自己的想法，別執著於過去的夢想。

每個人都得朝著自己想要的生活前進，可是並不是所有心願都能實現。

你可能希望一個月能賺數十萬塊、住在大房子、年年出國度假、有個一百分的伴侶、聽話優秀的孩子、沒有經濟上的困擾。可是，眞實世界中的你每個月只能領三萬塊、租小公寓住，另一半也不是心目中的白馬王子、白雪公主，想要生個女孩卻只有吵鬧的男孩，每天還得爲了三餐奔波。

即使現實與夢想不同，很多人還是覺得幸福快樂，因爲他們珍惜擁有的一切，欣然接受現實與夢想的落差。

只要換個角度，就能改變自己面對生活的態度。

重新再做一個夢，你將會快樂許多，人生也會更有意義。

只要表現出色，就能發光發熱

真正的學習從離開學校開始。無論如何，都得繼續努力吸收新知，才有能力在社會上立足。

俄國作家契訶夫曾說：「人要有三個頭腦：與生俱來的頭腦，從書籍中得來的頭腦，從生活中得來的頭腦。」

一般人經常犯的錯誤就是不懂得活用自己的頭腦，還一味地把學歷視爲能力的表徵。

在過去，學歷幾乎代表一切，若沒有顯赫的名校學歷，根本別想進大公司。但在這個能力掛帥的多元時代，只要在某個領域擁有別人沒有的能力，只要表現出色，一樣可以讓自己的生命發光發熱。

學歷並不一定等於能力，它只代表你的某一段過去，想要在競爭激烈的社會突出重圍，就必須改變思維，才能抓住稍縱即逝的機會。

阿爾伯特．霍布代爾是格雷大街中學的校工，儘管薪水每週只有五英鎊，他還是很盡責，總是把校園收拾得乾淨整齊。

某一年，老校長退休了，來了一個叫約翰遜的新校長，才上任不久，就宣佈全體員工必須每天簽到。

阿爾伯特因為不會寫自己的名字，被新校長趕出校園。

阿爾伯特在這個最倒楣的日子裡，提醒自己要買半磅熱狗回家。猛然，他打了個冷顫，想起熱狗店的老闆威格絲太太前天才過世。

「真該死，為什麼這麼大一個社區沒有第二家熱狗店呢？」阿爾伯特的情緒壞到了極點。突然，一個念頭閃進他的腦子：為何不自己開一家呢？

他興奮得把失業的煩惱拋到九霄雲外。一星期後，熱狗店開張了，阿爾伯特做了老闆。

雖然生意不錯，阿爾伯特卻想：「如果賣熟熱狗應該不錯。」於是，他一早就把熱氣騰騰的熱狗端出去。在天冷多霧的十一月，熱狗誘人的香味，吸引一批又一批顧客。

爲了應付店前大排長龍的情況，阿爾伯特想出新點子：把熱狗夾在半切開的麵包裡，串在竹籤子上賣。這種早餐經濟又方便，一推出就大受歡迎。阿爾伯特一個月內連僱了兩個幫手，仍然忙不過來。他靈機一動，找了個孩子，讓他騎著三輪車到街頭兜售，這樣果然減輕了店門前擁擠的情況，生意也愈做愈大。

「霍布代爾熱狗」的名聲打響之後，他的小店鋪變成了大飯店，還開了兩家分店。爲了保證貨源，他開始自己製作熱狗，不再依賴批發商。

到了夏天，阿爾伯特想，既然天熱，大家不願下廚，也不願擠飯館，何不把香腸煮熟晾涼，然後把涼香腸送上家門呢？

這個手法讓夏季的銷售量比冬季還要多！

五年後，曼徹斯特大街小巷都可以看到叫賣熱狗的小推車。又過了幾年，連最繁華的大街上，也有了「霍布代爾香腸店」的分店。

隨著事業發展，阿爾伯特認爲有必要提高工人的技術水準，便申請創建一所「熱狗製作技術學校」，他的想法得到了大力支持。

不久，副校長打電話給阿爾伯特說：「『霍布代爾香腸製作技術學校』將開學，想請董事長題寫校名。」

阿爾伯特啞然失笑，回答說：「副校長先生，眞對不起，還是請你們找一位代勞吧，我寫不好。」

副校長有點不悅地說：「霍布代爾先生，不要推辭了，像您這樣有成就的企業家，不是出自『劍橋』、『牛津』，就是在國外深造過。生意再忙，寫幾個字還是抽得出時間吧？」

阿爾伯特只好具實以告：「副校長先生，我眞的寫不好。說來也許您不相信，十多年前我還是個工人，既不會寫，也不會讀，就連自己的名字也是經商以後才學會寫的。」

副校長不敢相信自己的耳朵，在電話那頭沉默了好一陣子，最後說：「霍布代爾先生，您眞了不起，在沒有受過正規教育的條件下，竟然做出這樣一番大事業。若您十年前就能讀會寫，那今天又該是怎樣的人呢？」

阿爾伯特放聲大笑：「格雷大街中學的校工！一週掙五英鎊，先生！」

「啊！」電話裡傳來一聲驚呼，原來，那副校長不是別人，正是當年把阿爾伯特趕出校門的約翰遜先生。

儘管明白學歷並不代表能力的道理，不少人還是認爲只有從某些學校畢業的人才是高人一等，這就是台灣人對學歷和文憑的迷思。

相信很多人都吃過學歷和文憑的苦，即使自己能力不差，卻連第一個門檻也跨不過去。文憑一直是人生路上的關卡，可是它不一定代表相當能力，更多時候只是一個「虛榮」的表象。

阿爾伯特．霍布代爾先生不因爲自己是個文盲就放棄自己，他的成功說明了很多實業方面的操縱，需要的是生活的知識和經驗，學校的教育只是基礎和輔助，未來的發展還是要靠自己。

學歷和文憑代表的是，你接受過一定程度的教育，擁有一定程度的能力。但是，眞正的學習，卻是從離開學校開始。

只要肯努力，即使沒有那張「紙」，也不見得就屈居劣勢。因爲，無論如何，都得繼續努力吸收新知識，才有能力在社會上立足。

面對責任，才是了不起的人

有些人選擇掩蓋事實，有的人能坦然面對。不推卸責任，能夠承認失敗，才是真正了不起的人。

大部份的人在面對讓自己難堪的問題時，通常第一個反應，就是立即做一個完美的切割，如果切割不了，第二步就開始想方設法地推卸責任。

切割與推卸，或許可以暫時不用面對問題，卻無法使問題消失。只有坦然面對和一肩扛起責任，問題才能得到眞正的解決。

他是個政治人物，對他來說，聲譽或許比生命更重要，但是他卻可以忍受弟弟帶給他的傷害。

每當記者採訪時，弟弟常會說出驚人之語，讓記者目瞪口呆，他只是站在一旁，淺淺微笑著。

他參加美國總統大選時，記者時常圍繞在他的身旁。有一次，弟弟竟然當著一堆記者的面撒起尿來。

他知道弟弟的行爲後，問道：「這是眞的嗎？」

人們再三保證這是眞的，還讓他看了這段難堪的畫面，他平靜地說：「也許那個地方眞的沒有廁所，總比撒到褲子上好吧？」

很少有一個哥哥能如此寬容地忍受讓他出醜的弟弟，但是他做到了。他的名字是卡特，美國第三十九任總統。

他的弟弟比利．卡特是一個行爲放蕩、口無遮攔的人，所作所爲都讓身爲總統的哥哥出醜。

這樣的行爲媒體記者欣喜若狂，他們最需要的就是可以炒作的新聞。他們希望比利把卡特，包括他們的家庭批駁得體無完膚，比利也正在這樣做。

四年後，卡特競選連任。

反對黨開始拿比利．卡特透露的胡言亂語以及放蕩行爲來影射卡特。這些重重地影響了卡特的支持率，使他失去了四十四個州的選票。這樣的敗績在美國歷屆總統競選中並不多見。

卡特的政治生命從此終結。

有人問他會不會恨自己的弟弟，卡特只是說：「如果是一個州失利，也許我會恨。但現在是四十四個州，他不能承受那麼多責任。」

螢光幕上光鮮亮麗的名人，總是竭盡所能維持自己良好的形象，他們的私生活就成爲大家注目的焦點。

然而，每一個家庭都有一本難唸的經，難道名人的家庭就應該是完美至極，毫無缺陷的嗎？

從生活現實面來看，這些公眾人物並非沒有缺點，只是隱藏在某個我們看不到的地方。

有些人選擇掩蓋事實，有的人能坦然面對。

或許人類的天性都喜歡看別人的笑話，從別人的醜態中獲取快感。但是換個角度想，能妥善處理問題、控制情緒的人，不也是個優秀的人嗎？

和一個說盡謊話掩飾家醜的名人比較之下，後來獲得諾貝爾和平獎的卡特的精神更讓人佩服。他對弟弟的包容，是一種愛、一種寬容的表現。

他當然也有七情六慾，對於弟弟所犯的過錯會有不滿，但是，他更考慮到弟弟所能承受的責任，寧可自己多擔待一些。

作家莫里哀曾經說過：「我們所應對之負責的，不僅是我們要做的事情，也包括我們不做的事情。」

不推卸責任，能夠承認失敗，才是真正了不起的人。這樣的人不論碰到任何壞事，都能以達觀的心情化解。

埋頭往前衝，不見得會成功

在這個求快、求變的年代，只跟著大家往前衝是不夠的，即使衝得再快，和你同時抵達終點的人還有一堆。

在這個競爭激烈的社會，不少人都有一個共同的盲點，當所有人都不顧一切往前衝的時候，自己如果不跟著衝，就會被這個社會淘汰。

事實眞是如此嗎？

其實不然。

如果只是怕被淘汰，不去思考自己爲何而衝，甚至不考慮方向是否正確，即使跟著別人衝到「終點」，也不一定能獲得自己想要的。

一九二一年，印度科學家拉曼在英國皇家學會發表聲學與光學的研究報告，然後取道地中海乘船回國。當他在甲板上漫步時，人群中一對印度母子的對話引起了拉曼的注意。

「媽媽，這個大海叫什麼名字？」

「地中海！」

「為什麼叫地中海？」

「因為它夾在歐亞大陸和非洲大陸之間。」

「那它為什麼是藍色的呢？」

年輕的母親一時語塞，求助的目光正好遇上了站在一旁饒富興味傾聽他們談話的拉曼。

拉曼告訴男孩：「海水之所以呈現藍色，是因為反射了天空的顏色。」

在此之前，幾乎所有的人都認可這個解釋，它出自英國物理學家瑞利勳爵的研究。這位以發現惰性氣體聞名於世的大科學家，曾用太陽光被大氣分子散射的理論，解釋過天空的顏色，並由此進一步推斷，海水的藍色是反射了天空的顏色所致。

但不知爲什麼，告別了那對母子之後，拉曼總對自己的解釋心存疑惑，那個充滿好奇心的稚童，那雙求知的大眼睛，那些源源不斷湧現出來的「爲什麼」，使拉曼深感愧疚。

作爲一名訓練有素的科學家，他發現自己不知不覺中喪失了男孩那種到所有的「已知」中去追求「未知」的好奇心，不禁爲之一震！

拉曼回到加爾各答後，立即著手研究海水爲什麼是藍的，發現瑞利的解釋實驗證據不足，令人難以信服，決心重新進行研究。

他從光線散射與水分子相互作用入手，運用愛因斯坦等人的漲落理論，獲得了光線穿過淨水、冰塊及其他材料時散射現象的充分數據，證明出水分子對光線的散射和海水顯出藍色的原因，與大氣分子散射太陽光而使天空呈現藍色的理論完全相同。

進而又在固體、液體和氣體中，分別發現了一種普遍存在的光散射效應，人們統稱爲「拉曼效應」，爲二十世紀初科學界最終接受光的粒子性學說提供了有力的證據。

一九三〇年，地中海輪船上那個男孩的問號，把拉曼領上了諾貝爾物理學獎的獎台，成爲印度也是亞洲歷史上，第一個獲得此項殊榮的科學家。

當問題出現時，我們往往尋求最快速的解決辦法，一心只想著快點把煩心的事情解決掉，不去深究其中的學問和原理。也因爲這樣，大部分的人都只能是平凡人。

反觀有成就的人，大都喜歡思考，經常問「爲什麼」，而且對於別人提出的問題也非常關注。

當你想跳到下一個步驟時，他可能還停在上個問題當中思考；你覺得他很無聊、愛鑽牛角尖、沒有效率的同時，他的腦袋裡或許正在構思一個可以獲得諾貝爾獎，甚至足以改變整個世界的小細節。

很多科學家、發明家、成功者，都有這樣的傾向。

在這個求快、求變，講究簡潔有力的年代，只跟著大家一個勁地往前衝是不夠的，即使衝得再快，和你同時抵達終點的人還有一大堆。

那些在後面慢慢走的人未必一事無成，一時落後領先集團也不見得是壞事，因為，正好能夠仔細研究前人留下的腳印，思考該怎樣才能在下一次的比賽拔得頭籌。

減輕心靈負擔，才能享受人生

不要索求太多東西，因為我們擁有的已經夠多了，只要你能充分應用，即使只有一根木棒也能讓我們創造不朽的將來。

歐洲有句諺語說：「一切都抓住，一切都失去。」

其實，日常生活，不應該只追求一切物質的享樂，也應該追求心靈的快樂，必須勇敢地拋掉一些生活上不必要的負擔，才能眞正享受屬於自己的美麗人生。

生活越簡單，我們受困於慾望的機會便會越少；生活越簡樸，我們受制於慾望的羈絆便會越少。

只要我們不再被物慾所牽制，便能理出更多的時間和精力來實現夢想。

法布爾是法國著名的昆蟲學家，竭盡一生揭開了昆蟲世界的奧秘，也留下了《昆蟲記》這本不朽的著作。

有一天，科學家巴斯德來到阿維尼爾找法布爾，因爲他知道，要找昆蟲專家，法布爾無疑是最佳人選。

法布爾見這位著名的科學家到訪，立即熱情地招待他。

一番暢談之後，巴斯德忽然在準備離去前向法布爾說：「能不能讓我看看你們家的酒窖？」

法布爾是個窮困的教師，哪裡會有私人酒窖呢？但是，巴斯德卻一再地要求：「請讓我看看您家的酒窖怎麼維護的！」

最後，法布爾敵不過巴斯德的好奇，只好指一指廚房角落裡的酒罈子，說：「先生，這就是我的酒窖！」

巴斯德一看，驚訝地看了法布爾後便匆匆離去。

一八六九年的秋天，有一天法布爾來到實驗室裡忙碌，忽然有個客人闖了進來，他只得伸著一雙被染得血紅的手上前接待：「原來是底律伊，你好！很抱歉，我竟穿著這樣簡陋的衣服接待你！真對不起，我雙手都染紅了，無法和你握手！」

親切的教育長底律伊看見法布爾如此緊張，便溫和地安慰他：「沒關係，我是故意挑這個時間來看你的，你在做什麼呢？」

法布爾簡單地說明他的工作項目後，又馬上做這項實驗給教育長看。底律伊仔細地看著法布爾的實驗，不時地點了點頭。實驗結束後，他立即問法布爾：「你有沒有缺什麼東西呢？」

法布爾說：「我什麼都不缺！這裡什麼都有，我只是做些小實驗，這些設備就已經足夠了。」

底律伊看著破舊且簡陋的實驗室，吃驚地問：「真的夠了嗎？每當別人聽見我的詢問，他們幾乎全都要求換新器材，即使他們的設備已經十分完善了。我看你的實驗室如此寒酸，你卻說已經夠了，你真的什麼都不需要嗎？千萬別客氣啊！」

聽見底律伊如此關心，法布爾也不好意思拒絕，於是他幽默地回應：「長官，如果你一定要提供我東西，那麼我很願意要一件東西，請你告訴巴黎動物園裡的管理人員，如果那裡有魚死了，請他們將魚送來給我，好讓我將它製成標本。然後我會將它掛到牆壁上，我想，有了這個裝飾品之後，這間實驗室就會像樣多了！」

底律伊一聽，忍不住大笑說：「我知道你想要什麼了！」

大文豪巴爾札克曾說：「追求心靈享受的人，應該是行李越輕越好。」的確，如果追求過多，並且斤斤計較得失與否，就會讓自己的「心靈行李」越沉重，也就越會讓自己舉步維艱，陷入痛苦的深淵。

當巴斯德看見法布爾寒酸的酒窖後，我們是不是驚覺自己也曾犯相同的錯誤？因爲習慣了以貌取人的態度，讓我們總是錯誤地評斷眼前的高人；也因爲受限於外表的觀感，我們總是讓自己掉入了虛浮的包裝假象中，忘了內在究竟充實與否。

「或許我什麼都缺，但也什麼都不需要！」

這是法布爾在故事傳遞的訊息，在帶著生活禪思的氣氛中，我們似乎也有所領悟，或者我們可以這麼說，因爲人們的慾望難以滿足，無論我們怎麼補充所需，也無法得到眞正的滿足。

於是，法布爾將他簡樸的生活方式呈現出來，並在堅持這樣的生活方式中提醒我們；我們沒有辦法滿足每一個慾望，因爲滿足了一樣，下一個慾望便會出現，引誘我們繼續追求。

所以，不要索求太多東西，因爲我們擁有的已經夠多了，只要能充分應用，即使只有一根木棒也能讓我們創造不朽的將來。

有多少能力便享受多少樂趣

聰明的人懂得依自己的能力過生活，不要用華貴的外衣來包裝空洞的內裡，因為那騙得了別人，卻騙不了自己。

不要讓生活透支，也不要過度放縱自己的享樂慾望，人生很長，我們要聰明地分配快樂的能量，有多少能力便享受多少樂趣。

外表華麗不代表能力滿分，浮華不實的金錢態度，只會讓自己陷入痛苦的金錢遊戲之中！

查爾斯正與看起來十分富裕的麥賽福聊天，育有三個孩子的麥賽福，不僅婚姻幸福，三個孩子的表現也是人人誇讚。

兩個許久未見的老朋友，從過去聊到現在，原本討論得十分開心，但是，就在查爾斯問到麥賽福的現況時，麥賽福的臉色忽然沉了下來。

查爾斯以爲自己問錯話了，連忙向他道歉：「對不起，如果你不想談的話，就不必回答。」

麥賽福苦笑著說：「唉，我也不知道要從何說起。」

查爾斯安慰著朋友說：「放心，沒有什麼解決不了的事。」

麥賽福嘆了口氣，搖了搖頭說：「我只是沒有想到，我們家也會有入不敷出的時候。我現在才知道，原來我們家每個月的支出竟然那麼大，像是每個月得參與的高爾夫俱樂部聚餐，孩子們私校的學費，以及家中其他各項雜物上的支出等等，這些開銷壓得我快喘不過氣來了。」

查爾斯一聽，立即對朋友說：「重新規劃你的生活支出吧！」

麥賽福點了點頭說：「我很想啊，但是，只要一想到每個月都有三千美元的缺口，我就睡不著覺了，而且每到月中我的薪水就已經用光了。」

查爾斯又問：「那接下來的日子，你們要怎麼渡過？」

麥賽福滿臉無奈地說：「先用信用卡付帳啊，不然怎麼辦？」

只見麥賽福說完話之後，再次拿起了手上的雪茄，深深地吸了一口。

原來，麥賽福很早就瀕臨破產邊緣了，但是，他過去的嗜好與消費習慣卻一直都沒有改變，過慣了舒服、享受的生活方式，他們一家人確實有許多放不下的東西。

查爾斯幫他們計算過了，如果他們再不放棄一些不必要的支出，就算他們一家人工作到死，也無法還清積欠的債務！

所謂由奢入儉難，正巧可以對照麥賽福家的情況，因為面子問題，讓麥賽福仍然想用華麗的外表來麻醉即將破產的事實。

但如此一來，反而讓自己落入了更深的負債之中，還進一步讓家人們深陷貧困的泥沼，拖累自己也拖累家人。

聰明的人懂得依自己的能力過生活，更懂得依當下的情況來調節自己的消費支出。

他們知道，生活不能踰越「過」與「不及」，一旦在這兩個原則之間有了太過的情況，都將讓自己的生活掉入不正常的狀況，讓原本可以享受快意生活的美夢，因爲自己的錯走一步，轉變成連連惡夢。

所以，不要用華貴的外衣來包裝空洞的內裡，因爲那騙得了別人，卻騙不了自己，回到自己的世界，我們始終得面對生活上的失落感，更得獨自承擔經濟困窘的事實。

明白其中的道理，我們便能從別人一天只花固定錢的堅持中，相信自己也能如此堅持，我們不必爲了擺闊，而故意增加消費，因爲你眞的可以大方地對人們說：「對不起，我目前經濟不佳，我今天只能花這些錢。」

然後，你便能從頭開始，慢慢地累積出你所夢想的財富。

別把時間浪費在金錢上

簡單生活，簡樸打扮，才能活得充實快樂，因為我們沒有太多的時間浪費在奢侈浮華上。

對你來說，身穿名牌精品最重要，還是在工作上擁有快樂最重要？一餐上千元的牛排，與一頓幾十塊便能飽足的簡餐，對你來說，哪一個才能滿足你的口腹之慾？

生活上有太多取捨，什麼該捨，什麼才是我們應當努力爭取的，全有賴聰明的你仔細評估。

卡文迪斯是英國著名的科學家，去世六十年後，劍橋大學爲了紀念這位偉大的科學家，特別花費了三萬英鎊，建造一座世界著名的卡文迪斯實驗室。

當人們回顧大師的一生時，他們發現，卡文迪斯生前也曾有過一段貧困的日子，只是這段艱苦的生活並不長，因爲幸運之神在他吃了幾天苦頭之後，便將好運氣送來給他。

那是在一個寒冷冬天的午後，就在卡文迪斯門前，忽然出現了一輛豪華馬車，車上忽然跳下來一位紳士，對他說：「我是倫敦銀行的人，這張一千萬英磅的支票是您的！」

卡文迪斯忽然收到這張支票，非常吃驚，呆立在門口好長一段時間，直到銀行經理解說完畢坐上馬車後，這才回過神來仔細端詳手中的支票。

原來，這筆鉅款是卡文迪斯的姑母送給他的，這也讓卡文迪斯一夕間便成了千萬富翁，只是一向討厭銅臭的卡文迪斯，面對這筆從天而降的鉅款一點也不開心。

他考慮了很久，最後決定：「嗯，這些錢足夠讓我建造一座擁有一流設備的實驗室。」

一想到實驗室，卡文迪斯立刻精神了起來，也立即積極規劃實驗室的設計。很快地，卡文迪斯的個人實驗室終於完成了，至於剩下的錢，他原封不動地存入銀行，從此再也不聞不問。

每天樂在實驗工作中的他，雖然是當時英格蘭銀行的大戶，但是他的衣著一如往昔，釦子掉了仍然補了又補，簡樸的生活也從未改變。有一回，他準備前往皇家學院面談時，竟然穿了一件被硫酸燒出一個大洞的襯衫去，一身簡陋的模樣，還一度被學院的職員誤認是流浪漢呢！

被阻在門外的卡文迪斯，直到他將通知單遞出後，職員這才知道，原來眼前站的是著名的科學家卡文迪斯。

其實，卡文迪斯不僅外在簡樸，就連吃也很節省。

有一回，他在家宴請其他科學家時，僕人對他說：「先生，五個人只準備一隻羊腿似乎不太夠。」

沒想到卡文迪斯一聽，只淡淡地回答說：「是嗎？那就準備兩隻吧！」

對此，曾經有人問他：「你把錢全部放在銀行不用，自己卻過得這麼寒酸，太不合生活邏輯了吧？」

卡文迪斯不以爲然地說：「是嗎？我不覺得啊！我認爲身爲一個科學家，應當把時間多用於科學上，而不是用在金錢消費中。」

因爲心中的目標不同，也因爲珍視的價值不同，所以卡文迪斯的生活才會如此與眾不同。

對卡文迪斯來說，太過在意生活上的繁瑣小事實在沒有必要，因爲那實在很浪費時間。對他來說，所有關於科學的範疇才是他生活的重心，也才是值得他耗費時間的珍寶，所以他才會如此堅持：「身爲一個科學家，生活裡除了科學，還是科學！」

這個論點其實也普遍表現在許多成就不凡的名人身上，他們在自己的發展領域中，幾乎可以用「沉迷」兩個字來形容。

無論是沉迷在科學探究、創意研發，還是在醫學研究中，他們所現出來的生活態度，和卡文迪斯是一模一樣的：「簡單生活，簡樸打扮，因爲我們沒有太多的時間浪費在奢侈浮華上！」

從中，我們也歸結出一項簡單而成功的生活定律：「經常投入工作中而廢寢忘食的人，對於物質的享受總是嗤之以鼻，但是他們卻十分在意是否能從工作中獲得樂趣，因為對他們來說，生活上最值得的投資與消費，只有生活能否充實快樂！」

我們要追求的就是那一點價值

無論在什麼樣環境底下，最崇高的價值都在於不計功勞的付出中展現的無私。

人們眞正需要的不是財富，也不是名聲，而是身爲人的無形價値。建立起這份無形價値的依據是：「一份不自覺的謙遜表現，一份無私的分享意願，以及人們從中產生的感動與敬意。」

然後，一個人眞正的價値由此而生。

雖然，X射線是物理學家倫琴最先發現的，但是倫琴卻從來都不把這項偉大的發現獨佔。

謙虛的倫琴在發現X射線時便說：「對於這個射線的性質，我還不太清楚，所以暫時取名爲X射線。」

在暫定名稱確定後，嚴謹且慎重的倫琴又花了近一個月的時間，確認並實驗這個發現，之後他才把早已完成的《新射線的初步報告》論文，及手上的照片一起寄出。

發現一公佈後，很快地便引起科學界的注意與討論，無論是祝賀信或質疑的信，每天都從世界各地寄送給他，前來實驗室的訪客更是絡繹不絕。

直到有位醫師利用「X射線」，準確地顯示出人體內的斷骨位置後，「X射線」熱潮也正式沸揚。有一天，倫琴還收到一封信，上面寫著：「請寄給我一份X射線和使用說明書。」

像這類令人啼笑皆非的索取信很多，而幽默的他總是這麼回應：「對不起，目前我手上沒有X射線的存貨，而且，郵寄X射線是一件十分麻煩且危險的事情，因此我無法答應您。」

自從X射線發表之後，倫琴也不斷地榮獲各種科學獎項，但是他似乎對於這些榮譽一點也不在意，他曾經謝絕了普魯士皇室封爵的榮譽，更拒絕在名字上多加一個貴族表徵的封號。

他說：「致力於科學研究與發現，是我應盡的本份，更是我的人生目標，那些過高的獎勵與恭維，對我來說是一種恥辱。」

謙虛的倫琴也是個深具使命感的科學家，曾經有廠商想以極高的價碼，向倫琴爭取生產X射線機的專利，但倫琴卻一口回絕：「我認爲，科學家的發明和發現都是屬於全人類的，沒有人可以獨佔其中的好處。」

正因爲這份正義與使命感的堅持，讓X射線機很快地能普及全世界的醫院，並救回許多垂死的生命。

倫琴的幽默與謙虛，確實令人激賞，在這個追求功名利祿的社會中，倫琴的謙遜與淡泊，帶來了一個讓人深省的啓發。

對倫琴來說，他不願獨佔這份功勞，因爲能讓他發現這項科學奧秘便已足夠了，往後這個發現能否繼續發揚光大，那又是後人的責任與榮耀了。所以，這位偉大的科學家願意心胸寬廣地說：「這是屬於全人類的發現，不是我倫琴一個人的！」

「從謙卑中見偉大」這句話不僅適用於科技領域中，更適用於沒沒無聞的你我身上，因爲無論在什麼樣環境底下，最崇高的價値都在於不計功勞的付出中展現的無私。

4.

站在制高點，才能看得遠

若想擁有更大的天空、更寬廣的視野，
就必須讓自己往高處爬，
才能讓自己跨出原地，
產生邁向另一個新領域的勇氣。

站在制高點，才能看得遠

若想擁有更大的天空、更寬廣的視野，就必須讓自己往高處爬，才能讓自己跨出原地，產生邁向另一個新領域的勇氣。

一六七六年，牛頓在寫給胡克的一份封信中說：「如果說我看得比別人更遠，那是因為我站在巨人的肩膀上。」

即使是牛頓這樣傑出的科學家，都得站在巨人的肩膀上，才能看得比別人更遠，更何況是我們一般人呢？

因此，當我們遭遇挫折和困難時，千萬不要灰心喪志，反而要靜下心來深入檢討，是不是因爲自己站得不夠高，沒有具備綜觀全局的宏觀視野，才會導致失敗？

多年前，小吳大學剛畢業的時候，到一個偏遠的林區小鎮當教師。由於地處偏遠，當地的生活水準並不高，學校的設備和資金都嚴重不足。

從城市前去任教的小吳其實擁有不少優勢，他的見識廣，教學能力不錯，還擅長寫作，是個非常受歡迎的老師。可是，小吳過得一點也不開心，每天抱怨命運不公平，羨慕那些到大城市任教的同學，更嚮往棄教從商的生活。

由於這樣的念頭與日俱增，他慢慢對工作失去了熱情，連自己喜愛的寫作也沒興趣了，只是一天到晚琢磨著該如何離開，幻想有機會調到一個好的工作環境，並且有優厚的報酬。

就這樣兩年時間匆匆過去了，小吳的教學工作混得一塌糊塗，寫作上也沒有任何成就。那段時間裡，他試著和幾個公司行號聯繫，但沒有任何企業願意接納他，不是沒有缺額就是直接拒絕。

直到有一天，一件微不足道的小事，改變了小吳一直想改變的命運。

那天，學校操場舉辦社區運動會，在文化活動極其貧乏的小鎮裡，無疑是件大事。因爲前來觀看的人特別多，小小操場的四周很快圍出一道密不透風的環形人牆。小吳那天到得晚，站在一堵人牆後面，再怎麼踮起腳也看不到裡面熱鬧的情景，這時，身旁一個很矮的小男孩吸引了小吳的視線。

小男孩一趟趟來回從不遠處搬來磚頭，在那厚厚的人牆後面，耐心地疊著一個台子，一層又一層，足足有半公尺高。

小吳不知道他疊這個台子花了多少時間，不知道他因此漏看了多少精采的比賽，但當他登上自己疊起的台子時，對著小吳咧嘴一笑。那成功的喜悅和自豪，顯得如此清楚。

剎那間，小吳的心被撼動了一下。多麼簡單的事情啊！想要越過密密麻麻的人牆看到精采的比賽，只要在腳下多墊些磚頭就行了。

狄更斯曾說：「機會不會上門找人，只有人去找機會。」因此，若想擁有更大的天空、更寬廣的視野，就必須讓自己往高處爬，讓自己站在高點上。

或許「堆磚」的過程非常辛苦、繁瑣，但是只要一塊一塊穩定、落實地砌好，就能越過密密麻麻的人牆，讓自己高人一等。

人生總要有一回讓自己站在高處，感受風吹在身上的感動。只有這樣的體驗，才能讓自己跨出原地，產生邁向另一個新領域的勇氣。

接受各種笑和痛，人生才完整

想要擁有屬於自己的人生，就得進入生活中，體會所有的酸甜苦辣，不因為遇到壞事而放棄，不因為碰到好事而自滿。

曾經在書上看過一句話：「一個沒有悲歡離合的人生，不能叫做精采的人生；一個沒有喜怒哀樂的人生，不能叫做完整的人生。」

確實，浮浮沉沉、兜兜轉轉的人生，就是由「悲、歡、離、合、喜、怒、哀、樂」組合而成，我們唯一能做的就只有坦然面對。

有句話說：「沒有暗礁，又豈能激起美麗浪花！」

想擁有精采的人生，不僅要享受人生過程中帶給我們喜樂的美好，更必須勇於面對和接受讓我們痛苦的挫折和磨練。

林肯身爲總統，卻從不利用職權謀取私利。

他剛就任總統時，一家新開張的銀行送他一筆股金，但他婉言謝絕說：「總統是人民之主，不應從他的地位取得好處。」

林肯常常如此提醒、告誡自己：「要與人民保持密切的接觸，只有他們才是永遠正確的。」

他多次提出：「危急關頭，能拯救我們的不是船長，而是全體船員；不是亞伯拉罕．林肯，而是總統寶座後的整個美利堅民族的人民。」

某一次溯江視察中，他與船上人員一一握手，一位加煤工靦腆地縮著手說：「總統，我的手太髒了，不方便與你握手。」

林肯爽朗地大笑道：「把手伸過來吧！你的手是爲聯邦加煤弄黑的。」

一句話把大家都逗笑了。

林肯是第一個向黑人開放白宮的總統，就在他遇害前夕，還在百忙中熱情接待了一位黑人老先生，誠懇的態度讓老人感動落淚。

林肯雖身爲總統，卻始終把自己看成人民的公僕。

他親自送愛子羅伯特上前線，他的妻子捨不得，擔心孩子一去不返。林肯則耐心勸妻子：「全國多少可憐的母親都能忍痛送走他們的兒子，甚至永遠失去了他們，我們爲什麼就付不出這種代價呢？」

他甚至還親筆寫信要部隊「將羅伯特當作一個普通的美國公民看待，不要讓他當軍官」。

林肯的偉大人格，贏得了美國人民的尊敬和愛戴。

一八六五年四月，他遇刺身亡的噩耗傳出後，美國人民沉浸在深深的哀悼中，爲他送殯的人超過了七百萬。一位美國人形容得很好，他說：「如果林肯是一棵巨大的橡樹，那就是人民用水澆灌了他。」

林肯有句名言：「如果我自己的力量不足，至少我將求助於人民群眾，只有他們才永遠不會失敗。」

一個國家的運作要順利，如同一個家庭中的每一位成員都必須互相扶持、幫助，缺一不可。

總統，只是國家中的一個小螺絲釘，受命於其他小螺絲釘，站在前線帶領大家。因此，「總統是人民的公僕」是非常貼切的比喻。

林肯之所以讓美國人懷念，是因爲他能體會民心、深入人群，知道大家有什麼需求和心願。他能體會勞動者的辛苦、母親將兒子送上戰場的不捨、黑人面對種族歧視的辛酸……

林肯的精神更教育著我們，生活是必須去體驗和接觸的，而不是只站在一旁觀望、空想。

我們想要擁有屬於自己的人生，就得進入生活中，體會各式各樣的酸甜苦辣，不因爲遇到失意之事而放棄，不因爲碰到得意之事而自滿。有歡笑和淚水、有快樂和傷悲，才是完整的人生。

不起眼的東西，也能帶來良機

許多建議即使現在用不到，不代表以後不需要，這些都是別人經驗的累積。生活處處可見上帝，時時都在給我們機會。

有位哲人說：「千萬不要忽視看起來不起眼的東西，要知道，越是不起眼，越可能在關鍵時刻成為決定人生勝負的因素。」

日常生活中，聽到一句話、一個概念，或是遇到一個機會，千萬不要以爲對你目前的事業沒有幫助，就當作垃圾一樣扔掉。最好是分門別類地儲存在自己的「心靈資源回收中心」，然後，等待可以派上用場的時機。

有一對以拾荒為生的孿生兄弟，天天對著星星和月亮許願，希望哪天能夠發大財。上帝因為他們的每一個願望都與發財有關而注意到他們。

一天，兄弟倆照舊從家裡出發，沿著街邊撿破爛。可是一路走去，一條偌大的街道彷彿經過一番大掃除般，連平日最微小的垃圾都不見了蹤影，唯一剩下的就是零零散散、東一個西一個躺在地上的小鐵釘。

兩三個小鐵釘能值幾個錢？老二不屑一顧地直直走過去，可是老大卻停下腳步，不嫌棄地一一彎腰拾了起來。

從街頭撿到街尾，老大撿的鐵釘可以裝滿整整一個臉盆。

看著老大的動作，老二若有所思，也停下腳步想要回頭去撿，可是路上的小鐵釘，一個都不剩了。忽然，兄弟同時發現街尾新開了一家收購店，門口掛著的招牌寫著：本店急收舊鐵釘，一枚一元。

老二後悔得捶胸頓足，老大則用小鐵釘換回了一筆錢。

這時，一位白髮蒼蒼的老者走近站在街上發楞的老二，問道：「孩子，同一條路上，難道你連一根鐵釘也沒看到嗎？」

老二沮喪地說：「我當然看到了。可是那些鐵釘並不起眼，沒想到竟然這麼值錢。等到我知道它們很有用時，那些可惡的傢伙卻全部消失了。」

「孩子，上帝時時刻刻在你們身邊。小小的鐵釘看似一文不值，可是在關鍵時刻，它可是價值連城啊！不善積累的孩子得不到財富，不是上帝不給你機會。」話剛說完，老者像風一樣地飄走了。

不要忽視了學習、工作、生活中那些「看起來不起眼」，或「看似一文不值」的「小鐵釘」。

當手中的「小鐵釘」累積太多的時候，別以爲它們起不了作用就是一件壞事，在關鍵時刻，它們可能價值連城。

這個「小鐵釘」指的不一定是具體的物品，它可能是一個機會、一項技能，甚至是一句話。

生活中，我們時常有機會得到他人的建議。可能只是上市場買個菜，老闆就熱心地告訴你，把豬腳燉得入味且熟透的秘方；碰到出來倒垃圾的鄰居，他會告訴你社區最近回饋住戶的小活動；坐公車時，也能聽見隔壁座位的太太小姐討論減肥的方式。

許多建議即使現在用不到，不代表以後不需要，這些都是別人經驗的累積。如果別人告訴你哪裡會跌倒、撞傷，經過時就能注意小心。

生活處處可見上帝，時時都在提醒我們、給我們機會，能注意到的人就能抓住這根「小鐵釘」。

不過，別忘了人是「健忘」的動物，很多時候一個不小心，「小鐵釘」就會從手掌的空隙滑落。

最好學聰明點，像雙胞胎的大哥一樣，找個「容器」把鐵釘裝起來。可能是紙筆、錄音機、小記號……等等，只要能在忘記時提醒自己，就能確實發揮「小鐵釘」的價值。

遇到危險，要能隨機應變

當規則不適用於當時的狀況時，就必須視情況做反應。能隨機應變，才不會發生更壞的事。

有句話說：「規則是死的，人是活的，所以在必要的時候，人當然可以適時地改變規則。」

的確，既然規則是人訂出來的，當然可以視情況來做適當的調整和修訂，更何況有些規則本來就有考慮不周延的地方。千萬不要因為自己不想改變，就一味地把規則奉為圭臬，甚至被束縛住。

切記！在關鍵時刻要審時度勢、大膽應變，才不會讓自己一手訂出來的「規則」，成爲我們突破僵局和掌握先機的最大障礙。

指揮官教導飛行員，無論碰到什麼狀況，都要成隊飛行，堅決服從隊長的命令，不可以有任何選擇的餘地。

有一次，漢德聽到一位年輕的飛行員問指揮官：「如果領航的飛機撞上山崖該怎麼辦？」

指揮官聽了這話只是稍加思索，然後回答：「我情願在山壁上看到四個一字排開的洞。」

這就是指揮官的原則。指揮官的話和一次次嚴格的隊形訓練，深深地刻在漢德的腦海深處。

在一次飛行中，漢德和同伴排成一字型縱隊，他排在第三位。

一字型縱隊要求第二架飛機與領航機的右翼間距至少六英尺，第三架的左翼和第二架飛機右翼也是六英尺。

他們在暴風雪中飛回基地，儘管氣流干擾，他們仍以五百英里的時速保持著優美的隊形。

正當漢德集中精神飛行時，領航機的駕駛看見下面的雲層間有空隙，於是開始迅速迫降。

過去的領航機駕駛經驗告訴他，過不久將會有更惡劣的天氣，因此急呼指揮中心取消原來的飛行計劃。

取消飛行計劃，意味著飛行中心不再進行監控，飛行的路線完全交由飛行員自己控制。

他們的領航是一位相當有自信的指揮官，對穿破雲層安全著陸很有把握。當他發現雲層中的洞居然是一個「黑洞」時十分驚訝，這意味著更惡劣的天氣會緊隨其後。

那一刻，飛行員的心裡只有一句老話：聽天由命吧！

他們盡可能保持隊形飛行，但由於沒有任何指示，他們都有些暈頭轉向，就像置身於調酒器中。

當他們衝進厚厚的雲層裡時，漢德看不到另外兩架飛機，視野非常有限，四周茫茫一片。然而，他們的距離始終如故，作爲一名飛行員，要不惜一切代價保證精確飛行。

飛機在漢德的視線中忽隱忽現，接著他看到領航機和第二架飛機座艙蓋間距大約六英尺左右。

在這樣的緊急關頭，兩架飛機不相撞已經是奇蹟。漢德決定打破常規，按自己的方式行事：「讓規則見鬼去吧。」他咒罵了一聲便將飛機拉起，脫離隊伍。

天氣是如此惡劣。大約一個半小時後，漢德才看到了領航機，他下飛機後第一件事，就是到俱樂部喝掉一瓶烈酒。

他們都躲過了一場空難，儘管受過最嚴格的隊形訓練，還是讓他們經歷一場生死之戰。

能將天賦、知識，和閱歷三者融合在一起，才是一個好的飛行員。

除了不斷地訓練和飛行的經驗外，更需要有自行判斷的反應。在危急時刻，只有天賦和求生本能才能帶領他們走出死亡線，避免成為隊列飛行和數百萬美元飛機的犧牲品。

規則的存在是為了讓人們更安全，當某些規則不夠人性化，或者不適用於當時的狀況時，就必須視情況做反應，千萬別傻傻地讓規定害死。能隨機應變，才不會發生更糟糕的事。

被罰款、指責、處罰都只是小事，人身安全才是大事。生命只有一條，每個人都必須好好愛惜。

真正的財富是看不見的

沉溺於功名利祿中的人，不僅會失去自己的價值，最終還會迷失在財富的追逐中。

精神上的滿足是看不見的，我們無法用物質來塡充精神上的缺口；心靈上的滿足也是看不見的，但是，我們卻需要無形關懷，安撫受傷的心靈。

聰明的人會讓精神得到充分的滿足，因爲他們知道那不是金錢財富所能比擬的，因爲充實的感覺，我們都將讓人生得到眞正的快樂與富足。

三十三歲時，日後成爲鋼鐵大王的安德魯．卡內基，在日記上寫著：「對金錢執迷的人，是品格卑賤的人，如果我老想著追求賺錢之事，終有一天必將墮落。所以，我設定，每當我到達某個財富目標時，便要將之回饋給社會，那麼我就不會迷失。」

六十歲時的卡內基已經是個成功名人，功成名就的他，決定要退出商場去養老，並在晚年期間，多做些自己長久以來一直想完成的事——致力於慈善工作，與維護世界和平的夢想。

於是，他在《財富的福音》一書中宣佈這個消息：「我要退休了，不再在商場上爭奪了！」

當年，他毅然退出正值蓬勃發展的鋼鐵事業，以五億美元的價格，將卡內基鋼鐵公司賣給了金融大王摩根，從此他帶著累積多年的財富，開始投身他構思許久的偉大計劃。

他退休後的第一年，先贈與五百萬美元給煉鋼工會，協助他們設立救濟與養老基金的成立，這正是向所有工人們表示他的感謝，接著，他又撥了一筆鉅款來協助貧困家境卻仍力爭上游的年輕人。

第二年，他捐款二千五百萬美元，用以發展科學、文學和美術等等。同年，他還在匹茲堡創了「卡內基大學」，接著分別在英美等地捐資，創辦了許多學校與教育機構。

在隨後的幾年期間，他又分別成立了許多基金會，像是「捨己救人基金會」、「大學教授退休基金會」以及「作家基金會」等等，總之，已經半百年紀的他，在鼓勵拔擢人才的同時，也不忘照顧與他同年卻晚境不佳的人。

最後，他拿出了一千萬美元，以無國界的共享與攜手回饋爲宗旨，成立了「卡內基國際和平財團」，專門資助一些致力於世界和平的奉獻者。

這是卡內基的人生，也是估量他的生命價值的依據。

不過，仔細評估之後，我們也發現，卡內基晚年投資的無形財富，確實比他有形財富更顯珍貴無價。

生命的價值到底要如何評量，有人從個人成就中評定，也有人以心中滿足的程度來界定，那你呢？

當你也擁有卡內基一般的人生境遇時，你會以事業的成功或財富來表現人生的價值，還是像晚年的卡內基一般，堅持除了物質與功名之外，我們還有更多可以爭取的「財富」，關於關懷世人、珍愛世界的無私奉獻？

地球是圓的，人際關係也是圓的。只要我們願意伸出手，並牽起身邊需要關心的陌生人，然後我們也將串連起人人渴求的祥和與幸福，這是聰明的人在發現財富原來如此空洞時經常實踐的。

這正是深具遠見的卡內基在而立之年時所領悟的：「沉溺於功名利祿中的人，不僅會失去自己的價值，最終還會迷失在財富的追逐中。所以，我們都要看淡財富的享樂慾望，明白因為分享而獲得的精神滿足！」

愛物惜物才能累積財富

財富是靠累積的，因為累積十分辛苦，我們都能發現，那些所謂的有錢人愛物惜物的態度，經常比你我有過之而無不及。

美國沃爾瑪集團的創辦人薩姆．沃爾頓曾經回憶說：「從小，我就知道要用自己的雙手掙取一塊美元有多麼辛苦了，因此，我一直遵守父母親的教誨，特別是金錢觀，那便是：『一毛錢也不隨便亂花！』我也知道，這是累積財富最基本的觀念。」

財富從來都不會從天下掉下來，所謂的意外之財，也始終都讓人擁有得心虛，畢竟大多數的意外財來得快也去得快；只要並非一塊錢一塊錢所累積出來的財富，最後都將在慾望的伴隨下，快速地消失。

薩姆是出了名的節儉富翁，擁有億萬家產的他，卻只有一輛老舊的貨車代步，頭上戴的也只是印有沃爾瑪標誌的便宜棒球帽，從小到大只在街角的理髮店理髮。他只在自家的折扣百貨店購買日常用品；公務外出，也會儘量與人共住一房……

人們無法理解他爲何如此節儉，但是，薩姆卻說：「這有什麼好奇怪的，我從小到大都如此啊！」

原來，薩姆出生在美國中部小鎮的一戶普通農家，由於他的成長時期正巧遇上經濟蕭條期，因而讓他培養出努力工作和節儉的生活態度。

沃爾瑪公司裡的一位經理便這麼說：「我們就是這樣長大的，所以，當地上有一枚被遺棄的銅板，也許沒有多少人會去把它撿起來。但是我會，而且我打賭薩姆也會。」

正因爲從小便體會到每一分錢的價値，所以這位經理與沃爾瑪都深知，每一分錢都是辛苦賺來的，也因此始終保持簡樸的生活。

主張「生活減擔」的薩姆也說：「雖然我不希望我的孩子們將來必須刻苦到打工賺取學費，但是，如果他們有任何奢侈的生活心態，那麼就算我死了，也要從地下爬出來教訓他們。」

其實，不只是家庭教育上，連員工的基本生活教育他也堅持以身作則，他的目的是：「要讓每個人都明白勤儉的好處。」

有一次，他派一位員工去租車，但是很快地，薩姆又叫他將車子退租，原因是：「這車子太大了，我只租小車。」

後來，員工也明白了薩姆的用意，原來他不願讓人看見他所使用的公務車竟比員工要好。

薩姆出差洽商，選擇旅館時，標準也與員工們一樣，甚至他還會與員工們同房。曾經有人問他搭機的感覺時，他竟說：「我只搭過一次頭等艙，那次是因爲時間太趕，又只剩下頭等艙的位子，秘書不得已只好幫我買了。」

當他連續兩年名列全美首富時，他對記者講的第一句話是：「這玩笑實在開得太大了，我怎麼會是最有錢的人呢？」

聽見薩姆說，他是非不得已才搭頭等艙的時候，也許有很多人會不以爲然地說：「那叫小器、摳門！」

你眞的認爲他只是個守財奴嗎？或者，同樣辛苦賺取一分一毫的你，其實十分理解薩姆的金錢態度呢？

因爲財富是靠累積的，也因爲一塊錢一塊錢的累積十分辛苦，我們確實都能發現，那些所謂的有錢人愛物惜物的態度，經常比你我有過之而無不及。

我們不是無法累積財富，而是因爲我們太放縱自己，經常輕易地讓難得的財富一點一點地流逝而不自知。

再忙，也要撥出一點休息時間

工作時，我們幾乎只能顧到眼前的事務，只有在休息時，才有足夠的時間想像與思考問題。

我們需要多少時間，才算充足的休息呢？

其實，只要品質好的休息，即使只有二分鐘的打盹，十分鐘的放鬆，也能補足一天所需的活力。

羅蘭．布爾是美國第一家電視遊樂器的創始人。當年他在成立阿塔利公司時，以「創意」與「幻想」爲他的成功宗旨。

這位成功的企業家，在一場探討成功要訣的座談會上，說出了自己的成功秘訣。他說：「白天我是一個企業家，爲工作努力奮鬥，從早到晚忙個不停。然而，到了下班時間，看著昏黃的暮色，我立刻拋開工作時的忙碌情緒，讓自己沉浸在美麗的夕陽下，開始彩繪屬於自己的美麗天空。」

有人問：「這很重要嗎？」

羅蘭說：「非常重要，這個習慣讓我在遇到問題時，能夠冷靜克服。那些美麗的幻想與創意，對我的事業幫助甚多。工作時，我們幾乎只能顧到眼前的事務，只有在休息時，才有足夠的時間想像與思考問題。」

又有人問：「如果問題必須立即解決，無法等到下班後呢？」

羅蘭笑著說：「那就善用你工作中的零碎時間吧！像是電話不再響起，也沒有人在後面催促時，你就有足夠的時間思考了，不是嗎？」

我們稱讚一個人像個「鐵人」，意指他可以不眠不休地工作，生活規律異於常人，卻一點也無損於他的表現。

但是，世界上眞的有這樣的「鐵人」嗎？

當然沒有！

雖然有些人需要的睡眠時間不多，例如，拿破崙只需要睡四個小時，也能建功立業，但別忽略了，他仍然有四個小時的休息時間呢！

無論如何，你一定要撥出休息的時間，沒有人可以全年無休。

不要拿身體來挑戰極限，適度的休息，才有足夠的體力持續不斷地前進。休息過後的步伐，才能更加穩健踏實，每一步都成爲成功的步伐！

愛的表達貴在真心

表達愛的方式有很多種，不過心中的「愛」卻只有一種。能發自內心的關愛，才是真正的孝道。

英國詩人布朗寧曾說：「情人的愛會冷卻，丈夫會厭惡妻子，唯獨父母之愛與我們終生同在。」

百善孝爲先，我們只有一對父母親，心裡沒有眞正的疼惜，用再多的金錢也不能取悅他們。

有天在課堂上，教授說了一個國王挑選儲君的故事。

歐洲有一個國王，一共有三個兒子，每個王子都是他的掌心肉。所以，國王在挑選繼承人時，與大臣們討論了許久，卻仍然挑不出人選。

後來，國王想了一個問題，只要兒子當中有人的答案符合他的要求，他便傳位給那個兒子。

問題是：「如果你們有機會向我表達愛意，你們會用什麼方式表現？」

大兒子說：「我會做一頂象徵父王權位的帽子，讓全國的人民天天將您的光芒供在頭上。」

二兒子說：「我會設計一雙鞋子，讓全國的人民明白，因爲有您的努力，才有今天的他們！」

三兒子說：「我會恭恭敬敬地將您視爲我的父親，永遠放在我的心裡面，永遠不會遺忘！」

聽完後，國王把皇冠遞給永遠把他放在心上的三兒子。

教授說完故事後，問道：「記得父母生日的同學，請舉手。」

結果，舉起手的同學寥寥無幾。

教授接著問：「在寒假裡，曾幫父母洗腳的同學請舉手。」

這是教授交代的寒假作業，沒有做的同學會被扣分，所以幾乎全班的同學都舉手了。

但是，仍然有一位同學沒有舉起手來。

教授微慍地責問：「你為什麼沒有做？」

這個學生低下了頭，怯怯地對教授說：「我也很想為父母親洗一洗腳，可是……」

教授嚴厲地打斷他的話：「可是什麼！不要為自己找藉口。」

這時，這位同學抬起頭，解釋道：「我的父母親在車禍中，同時失去了雙腿，如今我只能天天幫他們洗頭……」

當他說完時，教室裡一片安靜，空氣像凝固似地。教授也尷尬地說不出話來，只有拍拍學生的肩膀，表示體諒。

表達愛的方式有很多種，不過心中的「愛」卻只有一種。

許多養老院裡的老人家，有人過得非常開心，有人卻鬱鬱寡歡。究其原因，前者雖然被「安置」到養老院，但是孩子是在不得已的情況下請託院方幫忙，只要有空，孩子們仍然會隨侍身邊。

至於後者則相反，因爲無人願意供養，被「棄置」在養老院，爲了繳付住院費而來的孩子們，臉上多數是不悅的神情。

那麼，怎樣才是「孝順」的表現？

就像三兒子一樣，時刻將父母放在心裡啊！能發自內心的關愛，才是眞正的孝道。即使你只會幫父母洗洗頭，即使你只能撥個電話說聲「爸媽我好想你」，他們也會感受到你的孝心，從中獲得最大的滿足。

5.

放鬆心情，才能激發潛能

在湖裡泛舟，越是快速搖槳，
越是容易打滑，反而變成在原地打轉。
如果放輕槳上的力道，切水而入、撥水而行，
便能夠順利地前進。

與其強迫，不如順水推舟

北風和太陽都能讓人將外套脫下，但太陽的方法顯得高明了許多，以讓人不心生抗拒的態度處世，所受到的阻礙與反抗將會是最小的。

想要讓別人依著自己的想法做事，是一件不容易的事。每一個人都有決定自己想要做什麼的權利，而每一個人也都堅信自己有這樣的權利。所以，當我們被要求、被脅迫、被威逼，就會心生反抗。

這就好像用力拍擠一顆皮球，皮球要不就是會反彈跳起，要不就是會被壓扁，變得不再是皮球。

據說，有一個軍隊的將領，一直為自己的軍隊同袍感到為難，原因是兵士們雖然戰功彪炳，但是衛生習慣奇差無比，每一個都用袖子來擦鼻涕，看起來非常噁心，而且有礙軍容。

更糟糕的是，不只一般士兵這麼做，連身為中校、上校等領導階層的軍官也都這麼做。因此，即使將軍明文告誡，要求士兵不可以再用袖子擦鼻涕，違者就要處罰，還是一點效果也沒有。

後來，將軍想了一個辦法，他命衛兵買來許多手帕，發給各階層的將領。但是，第二天將軍還是看見大家用袖子擦鼻涕，這下可把他氣壞了。

他將所有將領叫到跟前來，厲聲責問他們手帕到哪裡去了，結果，有人說掉了，有人說沒帶，就是沒一個人把手帕放在身上。火大的將軍氣得吹鬍子瞪眼睛，最後，要他們全都把軍服上衣給脫了下來，然後出去。

軍官們一個個面面相覷，不知道將軍這次發火會有什麼後果。該不會革他們的職吧？只能垂頭喪氣、提心吊膽地回到自己的崗位。

第二天早上，將軍又將軍官們全部叫來，沒說什麼就把軍服發還給他們。軍官們全都喜出望外，急忙將軍服穿上，很高興將軍沒有將他們全部撤職。

剛巧，一名軍官不小心打了個噴嚏，很自然習慣性地抬起手來就要用袖子擦鼻涕，這一擦把他擦得哇哇大叫。

原來，將軍命人將他們的軍服袖子上縫上一排金釦子，要是他們又想用袖子擦鼻涕，就會被釦子刮得傷痕纍纍。

漸漸地，軍官們改掉了用袖子擦鼻涕的壞習慣。

外人不明所以，見軍官們筆挺的軍服上縫上一排金釦，非常好看，便紛紛跟著模仿。現在，在袖子上縫上袖釦，已經變成一種時尚了。

想要別人幫我們摘取樹上的果子，最好的方法就是幫他架好梯子，然後設法讓他覺得爬上梯、摘下果是他自己的決定，是他自己想要這麼做。如此，他不但會感謝你幫忙架梯，還會將你想要的果子與你分享。

故事裡的將軍，試了各種方法都沒能讓將領們改去用袖子擦鼻涕的惡習，後來他選擇賜予好看的金釦，一方面象徵榮譽，一方面也讓他們無法再輕鬆地以袖子擦鼻涕，可說是兩全齊美。

如此一來，子弟兵們必定也學著縫上袖釦，很快地也能將惡習改正，這才是眞正風行草偃的治理之道。

北風和太陽都能讓人將外套脫下，但太陽的方法顯得高明了許多。同樣的，想滿足自己的某些需求，與其強迫，倒不如順水推舟，以讓人不心生抗拒的態度處世，所受到的阻礙與反抗將會是最小的。

靈活競爭才能出奇制勝

學習並不等於模仿，在學習的過程中加入個人的領悟，配合自身的特長，才能將別人的成功經驗內化成自己的真正實力。

前人的經驗，無論成功或失敗，都可以給我們許多啓示，讓我們得以避開危險、困難，依著安全的策略地圖前進。

然而，許多被前人標示爲絕境之處，並不一定眞的毫無生機，無法超越，而是還沒找到最恰當的方法。

有些困難，乍看之下似乎難以克服，但並不是完全無法突破。假使可以想出辦法，通常就能夠達到出奇制勝的效果。

一八〇〇年，拿破崙第二次攻打義大利，這一次，他決定不再依循一七九六年進軍義大利的南線道路，而是選擇另一條捷徑。這條捷徑必須穿越義大利邊境的天險——阿爾卑斯山，唯一的路口是義大利與瑞士之間的小聖伯納德山口，向來以艱困難行著稱，對於行軍的隊伍來說，更是難上加難。

但是，拿破崙卻認爲，自己覺得困難的路徑，敵人也必然會如此想，相對的也會放鬆戒備。因此，他決意實踐自己的名言：「任何一條小徑，只要山羊能過，軍隊也能過。」暗中派遣先鋒部隊朝阿爾卑斯山山徑進發。

果然，奧國軍隊統帥梅拉斯並沒有料到拿破崙會做出如此決定，反而將兵力分散在亞歷山大里亞等西南地區，若是法軍選擇南線道路，雙方勢必有一場激戰。不料，排除萬難行軍山隘的法軍，以出乎梅拉斯想像的速度進擊了米蘭，且成功斷絕了奧軍的補給和退路。

拿破崙果然如願在馬倫哥戰役之中，徹底擊潰奧軍。

後來，一八〇五年，拿破崙揮兵進軍奧國，也同樣捨棄一七九七年的波河河谷路線，改走多瑙河河谷。

奧軍主力查理公爵率領九萬五千精兵在波河河谷，卻苦等不到拿破崙軍隊的蹤影，年輕又經驗不足的費迪南公爵則無法抵擋拿破崙行動速捷的大軍，法軍又輕鬆地贏得了勝利。

有很多媒介可以告訴我們成功的案例，也有很多管道可以讓我們了解致勝的秘訣，然而，手握兵書眞的能讓人百戰百勝嗎？

其實不然。若是只會紙上談兵，而不知道依實際的狀況運籌帷幄，空有幾百種戰術，恐怕一項也派不上用場，一種也沒有效果。

拿破崙之所以成功，並不在於他的兵法學得比別人精妙，而在於他懂得變通，懂得反其道而行，最重要的是，他懂得冒險。他懂得在別人不得不放棄的地方多努力一點，支撐久一些，一旦越過了心理上的障礙，人自然會產生更多自信，做起事來也更具戰無不勝的氣勢。

不按牌理出牌，出其不意、攻其不備，自然比別人更容易佔得先機。

我們當然可以大肆地仿效他人成功的作爲，但是學習並不等於模仿，學習是掌握精髓，模仿只是畫虎類犬。在學習的過程中加入個人的領悟，配合自身的特長，才能將別人的成功經驗內化成自己的眞正實力。

山繆．史曼斯說得直接：「不敢形成自己的意見、觀點的人必定是一個懦夫；沒有自己的觀點、意見的人必定是個懶漢；不能形成自己觀點、意見的人則必定是個笨蛋。」

一個人想要成功，絕不能只是依樣畫葫蘆，而是要設法將別人的經驗轉化成自己的養分，並且不斷尋求突破的方法，才能使自己的人生道路暢通。

沒有勝算，就設法拉長戰線

成功，並不意味著不顧一切代價地蠻幹，而是衡量自身的能力，對外在的挑戰進行有效抗爭。

作家賀伯曾經勉勵我們：「雖然你無法改變自己的處境，但是你卻可以改變自己的心境。」

人生總有無可奈何的時刻，當你沒有能力改變自己的處境時，唯一可以改變的就是你的心境。

有一句話說：「留得青山在，不怕沒柴燒。」當正面衝突沒有勝算的時候，避開鋒頭可能會是比較好的方法。

有些人背脊剛硬，事事不肯屈服，很容易讓對手產生除之而後快的敵意。背脊骨一旦被打斷，人也活不久，動不了了。這種時候，不妨轉換念頭：只要能比對手活得久，就能得到另一種成功。

在惡政統治時期，埃格爾先生的家門口來了一名特務。特務手上持有一份文件，表示這座城的新任統治者賦予他權力，只要他的腳踏進哪一棟房子，那棟住宅就合法歸他所有；凡是他要什麼食物，那樣食物就得屬於他；他需要哪個人幫手，那個人就得聽他使喚。

就這樣，那名特務成功地進駐到埃格爾先生的家裡，埃格爾先生不僅必須爲他準備食物，提供他換洗衣物，還要服侍他睡下。

那名特務在入睡之前問埃格爾：「你願意服侍我嗎？」

埃格爾沒有說話，只是幫他蓋上被子、趕走蒼蠅，在他房門口守衛。

這樣的日子，埃格爾過了七年，七年裡，他一句話也不說。

七年後，成天吃飽睡、睡飽吃的特務，醒來後除了發號施令以外什麼都不做，不只成了一個大胖子，最後還因病一命嗚呼。

就在那一天，埃格爾先生將那個胖死在床上的特務以被子包裹，丟出屋外，然後將整棟屋裡的上上下下全都刷洗乾淨，連牆壁都重新粉刷過一遍。

就在一切全都整理完畢之後，他坐在沙發上，輕輕嘆了一口氣，而後堅定地說：「不，我不願意。」

在時勢所逼的情況下，沒有本事逞英雄的人，暫時忍氣吞聲、忍辱負重，是爲自己留下活路的可行方法。

就好像故事裡的埃格爾先生，他選擇忍下一切的怒氣，只求讓自己保有一線生機，雖然身體被奴役，但至少精神是自由的。當那名特務命亡，他就得以重新得回他自己的一切。

我們不知道生命裡的難關會在何時出現，也不知道會是什麼樣的難關讓我們難過且痛苦，但是，有一件事是確實知道的，那就是撐過了眼前的難關，就能夠緩解身體與心靈的壓力，獲得喘息的空間。

美國激勵作家威廉．丹佛曾說：「有勇氣的人並不是沒有恐懼，關鍵在於他戰勝了恐懼，用積極的生活去挑戰恐懼。」

成功，並不意味著不顧一切代價地蠻幹，而是衡量自身的能力，對外在的挑戰進行有效抗爭。

贏的人，經常是支撐得最久的人。沒有勝算，就別正面衝突，不如以時間換取空間，拉長戰線，拖垮敵人戰力，最後便能擁抱成功。

改掉錯誤，再次步上坦途

一個人若能夠盡力去彌補曾經犯下的過錯與造成的損傷，這種善意的念頭便值得給予鼓勵。

孔子說：「知錯能改，善莫大焉。」不管以往犯了什麼錯，一個人若能夠盡力去彌補曾經犯下的過錯與造成的損傷，這種善意的念頭便值得給予鼓勵。

世界上沒有不犯錯的人，重點在於犯錯之後是否勇於面對錯誤，是否願意改變心境，讓自己重新開始。

哈利犯了一個錯，這個錯誤讓他感到非常後悔。

他是一名稅務員，身爲稅務員最大的要求就是公正不阿，品格良善。但是，半年前，哈利收完各地的稅款款項，途經一個汽車展銷會，看中了一款心儀已久的跑車。銷售員鼓吹說，只要能夠現場預付頭期款現金，就能夠馬上把車開走；否則，這一款大受歡迎的車，很快就可能銷售一空。

哈利很猶豫，因爲他手頭上的現金不夠，但是，不論怎麼說，銷售員都不肯幫他把訂單保留到下個禮拜二。最後，哈利咬著牙、狠下心，決定先暫時借用剛剛收來的稅款，等一下到波特蘭市再將他自己的債券變現，放回稅款的保險箱裡。可是，就在哈利開著新車飛奔前往波特蘭市時，車子意外打滑，結果出了嚴重車禍。哈利不只受重傷被送進醫院，挪用公款的事情也因此爆發了，出院後還得接受六個月的牢獄生活才能回家。

他的父親痛心地說：「兒子，你眞是糊塗啊。」

哈利只能低著頭悔恨地說：「是的，爸爸，我知道。」

當他終於回到家，躺在自己的床上，心底卻沒有踏實的感覺。因爲，他不知道自己該如何面對這個鎮上的所有人，他不知道大家是不是能夠接受一個已滿心懺悔的罪犯，他害怕被別人排斥。

就這樣，哈利整天都躲在家裡，哪裡也不去，既不去找工作，也不肯出門買東西，家無疑像是另一個無形的監獄，將他牢牢關著。

幾個星期後，哈利的父親對他說：「孩子，你有什麼打算嗎？我們並不是在催你，這裡永遠都是你的家，但是……」

哈利知道父親接下來想說些什麼，於是他收起手上的報紙說：「正好，波特蘭有人想找伐木工，我準備明天就去應徵。」

哈利在鎮外找了一份不用調查個人資料的工作，每天在人煙罕至的森林裡砍伐木頭。雖然工作辛苦，薪水微薄，但是他感受到一股自由。

然而，時間久了，他還是會想家。一天，揣著懷裡剛領到的薪水，他搭上公車回到自己的家鄉，走進麥克唐納的雜貨店裡，想要用自己親手賺的錢買禮物送給家人，讓他們安心，也讓自己安心。

他帶著忐忑的心情來到麥克唐納的櫃台：「你好，麥克唐納先生，我需要幾件白色襯衫和幾雙襪子。」

麥克唐納二話不說，便拿了哈利要的尺寸的衣物出來，而後哈利又買了幾樣東西給父親和母親。他的手一直插在口袋裡，緊緊握住一卷鈔票，隨時準備好要拿出來付帳。

挑選完畢後，哈利說：「就這些了，一共多少錢？」他覺得自己的手心已在發汗，努力讓自己的聲音不要發抖。

麥克唐納看了他一眼，然後打開桌上的記帳簿，翻到寫有哈利名字的那一頁，邊寫邊說：「一共是二十二美元五十美分。」

接過麥克唐納替他包好的東西，哈利露出釋懷的笑容。現在，他知道，自己是真正回到家了。

哈利雖然離開了監獄，但他卻沒有離開自己心底的牢籠，甚至在牢籠之外還要加上層層圍籬，藉此自我封閉。

這種做法，或許讓他可以不用立刻去面對衆人的目光，但卻也讓有心援助他的人，不得其門而入。

他面對的是存在心上的枷鎖，除了他自己，別人是拿不下來的。所以，他決定離開家庭保護，離開自己依賴的環境，離開過往智慧和聰明的背景，重新找尋人生的出路。

唯有勇敢面對過往的錯誤，未來的人生才可能是一片坦途。他在以自己理解的方式重新開始，即使沒人要求他，但是他不肯因此輕易地放過自己。

當覺得自己的努力告一段落以後，他便想測試一下努力的成果。麥克唐納先生以行動表示了對哈利的信任，這個舉動，無疑爲哈利打了一劑強心針，使他更有勇氣重新去面對外界的眼光。

工作態度決定你的價值

無論置身的環境如何困頓，無論眼前的工作多麼繁重，只要願意調整自己得心境，學會改變工作態度，我們就會是有貢獻、有價值的人。

什麼樣的人才是偉大的?什麼樣的人才值得尊敬?

有一句廣告詞說：「認真的女人最美麗。」這話讓人認同，其實，不管男人女人，當一個人盡心盡力地去完成自己手上的工作時，所散發出來的氛圍，都會讓人覺得充滿魅力。

艾爾比的年紀大了，走起路來行動顯得緩慢、沉重，但這並不代表他是個等死的老傢伙。嚴格來說，艾爾比工作得比誰都來得賣力，也比誰都熱愛自己的工作。

艾爾比平時以幫人打零工維生，舉凡修理棚架、在冬日裡幫忙管理夏季小屋、釘木窗等等，他都能慢條斯理地完成，而且追求完美。

有一回，艾爾比受顧在村子的路口幫忙蓋一個小垃圾棚架。棚架得分成三個小間隔，每個間隔內放置一個垃圾筒。只見艾爾比就像一位雕刻家一樣，優雅地使用工具，隻手撫過木料，就好像在與木頭溝通。

等到艾爾比將棚架做好時，許多人都讚嘆木工的精美與確實。每一塊木頭都緊密接合，沒有奇怪的突出。每一根釘子都牢牢地固定，沒有不小心打歪的釘眼刺人。棚架的開關處，十分地好開好關，不會有難聽的咿啞聲，也不會有關不上的問題。最後，艾爾比為棚架均勻上了一層綠色的漆，等漆色變乾，工作就大功告成了。

所有的人都認為已經很完美了，但第二天，艾爾巴又帶著工具前來，在已經陰乾的棚架表面，再均勻地噴上一層漆，使得漆色更飽滿好看。

這就是艾爾比的做事方式，一點一滴盡全力做到好，絕不隨便馬虎。

艾爾比的收入並不高，生活也不算富裕，但是他從不缺工作，也不曾爲工作而辛勞煩悶，總是依著自己的速度與進度進行。

識貨的人多半都會來找艾爾比，因爲他們知道，只要是出自他手中的木工、家具，必定都是實實在在、牢牢靠靠的。

我們在這一生中追求財富和享受，以自身的勞力和智慧去換取，但我們究竟是在付出與獲得的過程中，創造了自我的價值？還是只換得口袋裡的鈔票，或是存摺裡的數字？

故事裡的艾爾比，沒有令人欣羨垂涎的財富與名利或榮華富貴，但是他那自由自在的生活哲學，以及執著於自己的每一項工作，如同完成藝術品一般的態度，卻如此令人嘆服。

換一個角度來想，艾爾比又何嘗不是最自由的人呢？他不為金錢所奴役，也不為工作控制，認為自己該做什麼就去做，依靠自己的力量去生活。

那些為了事業與金錢汲汲營營，過勞且耗費心力的人，恐怕還要反過來羨慕艾爾比的生活呢。

美國教育家耶爾．哈法德曾經如此強調：「不計報酬地工作，往往可以從工作中得到更多超乎預料的報酬。」

那份報酬或許就是意指我們能夠眞正體會到，自己絕不是一個無能的人，從勞動筋骨和絞盡腦汁的過程中，證明了自己是個有能力創造的人。

無論置身的環境如何困頓，無論眼前的工作多麼繁重，只要願意調整自己得心境，學會改變工作態度，我們就會是有貢獻、有價值的人。

放鬆心情，才能激發潛能

在湖裡泛舟，越是快速搖槳，越是容易打滑，反而變成在原地打轉。如果放輕槳上的力道，切水而入、撥水而行，便能夠順利地前進。

有時候，我們爲了解決問題而傷透腦筋，鑽進了牛角尖，怎麼想也想不透；在壓力的影響之下，越想越不明白，越想越參透不了。

此時，如果能夠改變心情，讓緊繃的思緒適度放鬆，說不定反而能夠有突如其來的靈感，甚或是不可思議的能量相助。

美國賓州大學的希爾普雷西特教授，是著名的楔形文字破譯者。然而，他剛開始探索楔形文字的符號邏輯和演變過程，事實上是困難重重的。他曾經連續好幾個晚上睡不著覺，只爲了想要找出問題的答案。

在他的個人傳記裡，曾經提到自己當時的經驗。

有一回，苦思到了半夜，他實在覺得全身累極了，不得已只好上床睡覺。他不確定自己究竟是在什麼時候睡著的，在朦朦朧朧、半睡半醒之間，他做了一個非常奇怪的夢。

在夢裡，一個年約四十來歲、十分瘦高的人，身上穿著像是古代尼泊爾僧侶的袈裟，帶著他走進一間天窗開得很低的小房間。房間裡有一個很大的木箱子，地上有些散置的瑪瑙與琉璃碎片，看起來像是一座藏寶庫。

而後，那名僧侶開口說話：「你在論文第二十二頁和二十六頁提到有關刻有文字的指環，事實上那並不是指環。克里加路斯王（西元前一三〇〇年左右）曾經送了一些瑪瑙、琉璃製品給貝魯寺院，其中有一項就是上頭刻有文字的瑪瑙奉獻筒。後來，寺院突然接到一道命令，要求僧侶們在一定的時間內交出一對獻給尼布神像的瑪瑙耳環。由於時間太緊迫，寺院裡又沒有足夠的材料，僧侶們只好將瑪瑙奉獻筒一切爲三，其中兩段製成神像的耳環。你以爲是指環的瑪瑙碎片，是其中的一部分。如果你把那些碎片拼合在一起，就知道我所說的事實不假。」

僧侶說完話後便消失了，希爾普雷希特也立刻清醒了過來。爲了避免自己很快地遺忘，便一五一十地將夢裡僧侶所說的話全部轉述給妻子聽。

第二天早上，他到古物遺蹟的現場去察看那些碎片，果然，夢裡那名僧侶所說的全都是眞的。

有一種經驗，相信很多人都曾經有過：想快卻偏偏快不了，越是在意執著，越容易把事情搞砸。

凡此種種，都因爲壓力過高造成的副作用。這時候，若能夠緩下心情、按部就班，反而能讓事情如期順利完成。

就好像在湖裡泛舟，越是快速搖槳，越是容易打滑，反而變成在原地打轉。

如果放輕槳上的力道，切水而入、撥水而行，便能夠順利地前進。

焦慮無法解決問題，把自己逼得太緊，只是徒增壓力罷了。

遇到百思不得其解的問題，何妨放鬆心情，讓潛意識幫你解決？

就好像故事中的希爾普雷希特教授，或許他遇上了神蹟靈異，但也或許他其實已經在解決問題的門前，只是不得其門而入，而他的夢境正是潛意識適時地給予的引導。

美國宗教家諾曼．文生．皮爾如此說道：「當你感到緊張，可能的話，去度個假吧！將你的手錶暫時拋開，在生活中尋找建立和平的小島，並學會儲存一些能夠放鬆自己的能量。」

當你爲事情做了萬全準備，卻總差臨門一腳；抑或是，你明明練習了又練習，努力了又努力，卻總是不能成功，你可能如皮爾所說的——太緊張了。

想要破除這種緊張，唯有放鬆。

放鬆心情，給自己更包容的空間，你才有機會看見內在的潛能。

相信的力量，能激發無限能量

印度聖雄甘地曾說道：「我們的信念是不停燃燒的燈火。這不僅帶給我們光明，也照亮周圍。」相信的力量，能導引出無限龐大的能量。

擔憂、恐懼、焦慮……等等負面情緒正困擾著每個現代人，如果不設法克服，人就會罹患更多精神疾病。

那麼，要如何清除這些負面情緒，活得幸福快樂呢？

暢銷勵志作家M．J．萊恩在《幸福改造計劃》中提供的答案是：學習積極正面思考，激發自己的潛能。

人的潛能是相當龐大的，有時候只要一點信念支撐就能夠繼續堅持下去。就好像在茫茫大海中，只要有一根浮木攀抓，就可以激發旺盛的鬥志，增加被營救的機會。這就是信心和信念的力量，這就是相信的力量。

巴里、麥克斯、約翰、吉姆四個人，受探險家馬克格夫聘僱當腳夫，一起進入非洲叢林探險。行前，馬克格夫答應要給他們一筆極爲豐厚的工資，他們很高興地答應了。

馬克格夫要他們四個人一起扛著一個極爲沉重的箱子，沿途不管路況如何艱難、天候如何糟糕，都要以箱子爲重。他們私下猜測箱子裡面一定裝有極爲珍貴的寶物，否則馬克格夫不會這麼重視。

可是，很不幸的，在半路上，馬克格夫染上瘧疾，就此長眠在叢林之中。臨終前，他對巴里等四人交代說：「我要你們向我保證一步也不離開這個箱子。如果順利平安把箱子送到我的朋友麥克唐納教授手中，你們將會得到比金子還要貴重的東西。只要能夠做到我的請求，你們一定可以得到。」等到四個人都答應了，馬克格夫才闔眼閉目。

四人將馬克格夫埋葬在叢林裡之後，便扛著箱子上路了。

但是，茂密陰暗的叢林裡，道路越來越難走，有時候連路也沒有，他們只覺得肩上的箱子越來越沉重，氣力也越來越小了。

叢林裡，不時可以看見許多遇難的探險家屍骨，但林子裡雜木叢生，林中小徑錯綜複雜，要是行差步錯，說不準他們也會迷失在這個叢林裡，化為一堆白骨。他們彼此支撐著對方，因為他們知道，一旦四個人中任何一個倒下，其他人勢必無法將這個沉重的箱子扛出叢林。在最艱難的時刻，他們不忘相互鼓勵，只要能夠順利將箱子帶出叢林，就能夠得到比金子還要珍貴的東西。

終於有一天，眼前的綠色林木不見了，這意味著他們走出了叢林。四個人精神大為振奮，連忙找到麥克唐納教授，向他索取應得的報酬。

教授聽完說明之後，兩手一攤：「我不懂馬克格夫在說些什麼，大家都知道我是個窮教授，家裡什麼都沒有啊。或許，箱子裡面有些什麼寶貝吧。」

教授承諾要是箱子裡有什麼寶物，願意與他們四個人一同分享。沒想到，一打開箱子，在場的人全都傻了眼。

裡面根本就沒有金銀財寶，而是一段段的實心木頭。

約翰率先大吼：「這是在開什麼鬼玩笑？」

吉姆也忍不住大聲抱怨：「就是啊，這些木頭根本屁錢都不值，我們被那個傢伙騙了！」

「哪有什麼比金子還貴重的報酬？那個該死的傢伙，我早就覺得他有神經病！」麥克斯同樣發出憤怒的咆哮。

麥克唐納教授面對三個人的怒氣，一時之間不知所措，但他也想像不出好友馬克格夫這麼做的原因。這時，久久一聲不吭的巴里說話了。他說：「好了，你們別吵了，我們確實得到了比金子還貴重的東西，就是我們的性命。」

如果不是那個箱子支撐著他們求生的意志，他們四個人恐怕早就倒下了。

曾經看過一則短篇小說，故事裡描述一個孩子罹患重病，被告知即將不久於人世，因此意志變得消沉，治療也顯得效果不彰。而後，醫生對小孩說：「是的，你的病情很嚴重，等到窗外的葉子掉光，你就的生命也會結束。」

於是小孩每天醒來都會先注意窗外在葉子的狀況，只要葉子還沒掉光，他就安心地度過這一天。雖然秋天來了，葉子漸漸掉落，但總還有最後一片葉子停留在樹枝上，維繫住小孩的信心。漸漸地，孩子在醫師的治療下逐漸康復。

後來，他才發現，原來最後的那片葉子是假的，是畫上去的。

不過是一片葉子，竟有如此大的力量。

印度聖雄甘地終其一生都在致力貫徹他的信念，而且力行不殆，他的成功，是舉世共睹的。他曾說道：「我們的信念是不停燃燒的燈火。這不僅僅帶給我們光明，也照亮周圍。」

相信的力量，能導引出無限龐大的能量。就像故事中的馬克格夫自己雖然永遠出不了叢林，但卻有辦法讓幫助他的四名腳夫順利離開，就是藉由一個沉重的箱子，給予他們求生與希望的意念，激發出無窮的潛能。

互相幫助才能往前進步

每個人的成功都不是孤獨的成就，是許多人合力付出堆積起來的成果。就是因為相互信任、相互幫助，人類社會才能不斷往前進。

美國思想家愛默生曾經說：「一個人抱持怎樣心態，他就是怎樣的人；一個人表現出怎樣行為，他也就是怎樣的人。」

對周遭環境所採取的態度，正是一個人最好的推薦信，如果你想使事情順利地朝自己期望的方向發展，那麼對周遭的人，就要抱持著互相幫助的態度。

如果我們能成功，絕對不是單靠自己一個人的力量，在我們的身後，必定有許許多多的力量支持著。

這世間必然有英雄，但是，英雄的存在與成就，並非單憑一人。

二次大戰時，美軍曾經進駐一個名叫安姆爾的小村莊，但是隨著戰況演變，這個村莊被德軍重重包圍。

那時是冬天，一連下了幾天的大雪，遍地一片白茫茫。想不到，雪停了之後，美軍的部隊反而變得動彈不得。因爲在一片銀白的雪地上，身著淺綠色制服的士兵無疑像彈靶一樣顯著。

美軍指揮官約翰召集了所有的參謀人員舉行緊急會議，會中有人建議以白色的床單作爲掩護。約翰也覺得這是一個不錯的辦法，可是一時之間哪裡找來那麼多的床單，給六百名士兵進行掩護僞裝呢？

他們和安姆爾村的村長連繫，希望能夠請村長幫忙募集，盡可能地收集白色床單。約翰信誓旦旦地承諾：「用完以後很快就會歸還。」

由於安姆爾村曾經多次受到德軍的侵占，村長二話不說便同意幫約翰這個忙，希望美軍能夠成功阻止德軍的行動。不到半個小時，村內教堂的走廊上就堆了約莫兩百條的白色床單。

約翰立刻命人將床單分發給士兵，不過，他很快就發現自己失算了。因爲士兵們一拿到床單，有的撕成方巾、有的裁成細條，有的挖洞套成斗篷，總之，在僞裝行動之後，幾乎沒有一條床單是完好如初的。

經過黎明的突襲，美軍成功阻撓德軍的進勢，可是約翰立刻接到命令將軍隊移調他處。

不到半年，戰爭便宣告結束，約翰從此解甲歸田。至於那些借來的床單，早已隨著軍隊的遷移而遺落四方了。

約翰原本以爲再也不會聽到安姆爾村這個地名，借床單的記憶也變得縹緲遙遠。不料幾年後，他竟從波士頓的報紙上瞧見了記者前往二次大戰戰地做的特別報導。其中，記者訪問了安姆爾村的村民。

小村莊在戰後已恢復了原貌，雖然物資缺乏，但居民們多半安好。有一位村民打趣地對記者說：「如果那個跟我們借床單的美國人能夠把床單還我們就好了，他答應用完就要還的。」

約翰讀完報導，去信報社坦承自己就是報導中言而無信的人，並表示，如果可以的話，他會想辦法還村民兩百條白色床單的。

約翰的信在報上發表以後，不到兩週內，報社收到一條又一條的白床單，還有許多小額支票。許許多多的人在知道了約翰和安姆爾村的故事後，都忍不住慷慨解囊。

隔年冬天，約翰再次來到安姆爾村，帶著他的諾言前來，而村民們也一如當時熱情借床單的情況，聚集在一起接受他歸還的床單。

一個科學家發明了造福人群的器械，他的成功不是他一個人的。如果沒有人幫他將各種生活瑣事照顧妥當，他就不能全心全力地投入發明。

一個醫學家發現了治療嚴重疾病的治療方法，他的成功不是他一個人的。如果沒有團隊裡的其他人員同心協力，如果沒有接受他治療的病人相互配合，他不可能如願開發新療法。

一個優秀的政治家，沒有供他服務的民衆，沒有信賴他的支持者和追隨者，又如何能看得出他的優秀？

每個人的成功都不是孤獨的成就，是許多人合力付出堆積起來的成果。

德國哲學家尼采曾經說：「你助人，然後人助你。這是鄰里之間互愛的原則。」人與人之間，就是因爲相互信任、相互幫助，人類社會才能不斷往前進步，發展至今日的繁榮社會。

6. 不斷磨練，才不會曇花一現

年少的時候接受磨練和考驗
不見得是壞事，
唯有勤奮努力，厚植自己的實力，
才能避免「少年得志大不幸」的遺憾。

唯有冒險，才能不斷向前

雖然冒險帶來的生活往往伴隨著恐懼和不安，可是只有經歷它、克服它，才能真正品嚐成功的果實。

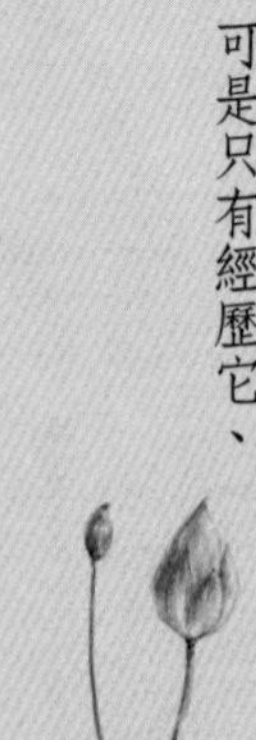

當我們覺得人生開始停滯不前時，或許可以捫心自問，自己到底有多久沒有做過脫離「日常軌道」的事了？譬如我們每天習慣搭捷運上下班，是不是可以找一天改騎You Bike呢？

很多人會說當然可以啊，但是當你邀他明天一起騎You Bike，他可能會開始找藉口，推說公司太遠，騎You Bike太累，而且要花平常坐捷運一倍以上的時間……等等。

歸究其原因，就是打從心裡不想改變目前熟悉的生活，去過那種充滿未知和陌生的「冒險生活」。問題是如果不冒險，只圖安逸，又如何能讓自己的人生，不斷地更新向前呢？

法伊雅十七歲時，以留學生的身分從伊朗來到加拿大，當時的她連一句英文也不會講。

入境時，海關人員問她的行李裝著什麼東西，她聽不懂，也說不清楚，讓對方大爲緊張，使用許多先進儀器仔細探測她的行李，才敢打開檢查。

就這樣，她隻身踏上加拿大的土地，一邊學英語，一邊在多倫多大學修讀電腦課程，畢業後跟隨丈夫移居卡爾加利。

二十世紀八〇年代初的卡爾加利還是一個小城市，當時整個大環境的經濟不太好，法伊雅到處都找不到工作，只能爲一個私人僱主編寫程式。但六個月後她前往僱主家，發現該地址已人去樓空，過去幾個月完全是做白工，沒拿到任何一毛薪水。

沒有報酬的第一份工作成爲法伊雅生涯的第一個考驗。後來，她找到一家電腦公司，繼續寫程式的工作。之後也換過幾家公司，經過多年的努力和經驗積累，她做到了貝爾公司在加拿大地區的副總裁。

然而，在爲貝爾公司工作了十多年後，她在一次裁員風波中，和其他二十多位副總裁一同被請出公司大門。那是她職業生涯中的一次巨變。可是她依然樂觀笑著說：「終於可以休一個長假，好好調養身心了。」

至於今後的打算，她打算把這次的變動看作新的機會和挑戰，去做一些自己眞正喜歡做的事情。

如果一句英文也不會，在沒有任何人任何帶領的情況下，你敢一個人遠渡重洋，到一個完全陌生的國家生存嗎？

是的，這的確是人生一次很大的冒險，然而很多成功的夢想，都是開始於這樣的冒險。

很多人一想到未來可能碰到的糟糕狀況，就對這次的旅程打消念頭，當然也不會有後續發展。他們在夢想的入口徘徊許久，遲遲無法踏出步伐。有些人等了好幾年才踏出第一步，也有人終生沒有跨出去。

將我們推向截然不同的人生的那雙手，往往是無法預期的變動和挑戰。當這些衝突來臨時，我們不得不投入冒險的旅程。

雖然冒險帶來的生活往往伴隨著恐懼和不安，可是只有經歷它、克服它，才能眞正品嚐成功的果實。

走在熟悉、既定的軌道裡固然讓人安心，但是偶爾讓自己脫軌一次也不一定是壞事。在這一次冒險中，可能會發現自己未曾發現的天賦和才華，激發潛藏在內心許久的自我，找回遺失的熱情，重新感受生命的意義。

找出工作意義，人生才有意義

人生最重要的是找出自己生存的價值，當你發現了這一點，比現在更美好的未來必然在不遠處向你招手。

日劇《半澤直樹》中，半澤直樹的父親曾這麼說：「做什麼工作都可以，但一定要珍惜人與人之間的交往，可別幹那種像機器人一樣的工作。」

如果我們每天像個機器人，不懂得思考，用機械化的方式一成不變地工作，那麼不僅不尊重工作，更是一種不尊重自己的表現。

相反的，若能找出工作的意義和價值，即便是再卑微的工作，照樣可以成爲我們實現夢想的起點。

小陳和小張畢業於同一所大學的建築系。

這一天，他們來到一家建築公司應徵，老闆看了看履歷，說道：「目前我們公司並不缺人。不過，如果你們不排斥當臨時工，可以先在我這裡做些簡單的工作。一天八小時，每小時一百塊錢。」

面對不景氣，兩人想了想，決定暫時委屈自己。第二天，老闆帶著他們來到工地，分配工作給他們兩個。工作很輕鬆，只要撿釘子就好。因為木工在釘板模時難免會落下釘子，小陳和小張的任務就是把工地上落下的釘子撿回來。

第一天，除了吃飯半個小時外，小陳一刻也沒停歇，把落下的釘子一個不落地都撿了回來，一秤有五公斤之多。

傍晚收工時，老闆問小陳：「工作感覺怎麼樣？有什麼想法嗎？」

小陳說：「能有工作高興都來不及了，哪有什麼想法！」

老闆接著又去問小張同樣的問題，小張說：「老闆，恕我直言，企業需要有效率地運作。表面看來，撿回落下的釘子是一件合情合理的事，但實質上它給您帶來的卻是負面價值。您給我們一天的工資是八百塊錢，但我從早撿到晚，撿回來的釘子最多只有一百塊的價值。這不光對您有損失，對我也沒什麼用。不管您出於什麼意圖，這個工作我都不想做了！」

沒等小張說完，老闆就拍著他的肩膀說：「小夥子，你過關了！我手頭正缺少一名施工員，今天撿釘子的事是我對你們的一場考試。你剛才的解答很出色，不錯，企業需要效率，需要爲企業利益著想的員工，更需要你這樣有見地的人才。」

每一種工作都有一定的節奏，即使如此，並不代表工作就是機械化的進行。即使你是生產線上的一員，面對輸送帶不斷送出待處理的物件，也應該要有自己一套的做法，即使那只是個簡單反覆的動作。做出心得之後，你就會知道怎麼做比較快速、有效率，而且不會造成職業傷害。

因此，在工作中找出問題、解決問題，就會讓平凡的工作不再機械式，也能從中得到學習和經驗。

小陳和小張最大的差別，就在於對「報酬」的定義。

小陳只是單純地想「把工作做好」，並沒考慮過「如何才能更好」。這樣的人即使再努力，也無法讓老闆賞識，因爲他就像一個沒有生命的機械，只會反覆做同樣的動作，而不是操控機械的人。「報酬」對他來說，是難得、可貴的，他很容易從中得到滿足。

小張就不同了，他認爲與其保住這份報酬，不如主動開拓機會。他這樣說雖然是替老闆著想，其實也是替自己爭取更好的工作機會，他並不擔心老闆不能接受，因爲他找出問題，也解決問題。況且，老闆若不能接受，也能顯示出這個老闆沒有遠見，繼續待在他手下工作是不會有前途的。

工作多年的你，是否早就忘了思考工作的意義，也讓自己成爲一台沒有想法的機器了呢？不要不去思考這個問題，若是因爲改變而丟失了工作，也不見得是一件壞事。因爲人生最重要的是找出自己生存的價值，當你發現了這一點，比現在更美好的未來必然在不遠處向你招手。

忍受一時孤獨，終能受到注目

雖然有過不被了解的低潮期，但只要相信自己、堅持理念，一切情況都沒有想像中的那樣壞。

從不少成功人士的事例，我們可以得知，成功者與失敗者最大的不同，就是成功者比失敗者更清楚知道自己在做什麼，因而可以忍受在未成功之前，不被別人認同的孤獨。

沒錯！很多成功者通常是某個領域的「先知」。他們做的事，往往無法引起別人的共鳴，因此或多或少都嘗過「先知是孤獨」的滋味。

其實，「成功前的孤獨」就像「黎明前的黑暗」一樣，只要咬牙忍受下來，就能看見屬於自己的黎明。

美國少年斯克勞斯受到當裁縫師的母親的影響，自小就喜歡設計時裝。儘管家境貧寒，仍阻止不了斯克勞斯要做一名服裝設計師的夢想。

斯克勞斯常常將母親裁剪後剩下的碎布留下來，東拼西湊做成各式各樣的娃娃衣服，常常因此遭到父親的責備。

他覺得自己的創作慾望無法得到滿足。

有一天，斯克勞斯將父親丟掉的廢棚布撿來做成一件衣服，這種粗布在當時是專門用來蓋棚子的。

斯克勞斯穿著自己做的衣服走在大街上，很多人都認爲他瘋子，甚至母親都覺得斯克勞斯太瘋狂了。

斯克勞斯的母親見兒子沉迷於服裝設計，便鼓勵兒子去向時裝大師戴維斯學習，希望他能成爲像戴維斯一樣成功的時裝設計師。

那一年，斯克勞斯十八歲，帶著自己設計的粗布衣來到了戴維斯經營的時裝設計公司。

當戴維斯的弟子們看到斯克勞斯設計的衣服時，都忍不住哄堂大笑，他們從來沒有看過如此粗俗的衣服，可是戴維斯卻將斯克勞斯留了下來。

在戴維斯的鼓勵與幫助下，斯克勞斯設計出大量的粗布衣，可是沒有人對他的衣服感興趣，他設計的衣服大量積壓在倉庫裡，就連戴維斯都對自己收留他的決定產生了懷疑。

但是斯克勞斯依然堅信自己的衣服會受到人們的歡迎，於是試著將那些粗布衣服運往非洲，銷給當地的勞工。由於那種粗布價格低廉又耐磨，居然很受勞工們的歡迎，衣服很快銷售一空。

斯克勞斯又將那些粗布衣服做成適合旅行者穿的款式，因爲它的滄桑和灑脫感，得到了旅行者的喜愛。

斯克勞斯不斷設計新款式，人們開始驚奇發現，那種衣服穿在身上不但隨意，還有一種特別的風味，而且不分季節，任何年齡的人都可以穿。

一時間，大家都爭著穿起了斯克勞斯設計的粗布衣。如今那種衣服已風靡了全球，那就是以斯克勞斯與戴維斯爲品牌的牛仔衣。

許多能流傳許久的藝術作品，都是因爲它們的「獨特風格」。畢卡索讓人看不懂的畫作，造就抽象藝術的開始；現代舞強調心靈配合身體的自然律動，不像往年強調的美麗姿態；奇幻文學由不被認同到風靡全球……雖然這些擁有「獨特風格」的人在備受注目之前，都有過一段不被了解、不被認同的低潮期，但是只要相信自己、堅持理念，其實一切情況都沒有想像中那樣糟。

現代的人似乎越來越能接受「不符合常理」的現象，使獨特的人比其他循規蹈矩的人更有機會突顯自己。

人與人的來往也是一樣的道理。每個人都能找到與自己志同道合的人，如果你正爲不被他人了解而感到孤單，請不要灰心，只要能跨出原有的生活圈，就能找到屬於自己獨特風格的天地。

表面光鮮亮麗，背後付出努力

當我們看到別人光鮮亮麗的外表時，除了羨慕，也別忘了看看對方背後所付出的努力和辛酸。

日常生活中，我們常常聽到有人忿忿不平地抱怨，不是抱怨自己的工作比別人辛勞，就是抱怨收入比起別人少得可憐。

這樣愛抱怨的人還有個共同特徵，就是對富豪、對那些光鮮亮麗出現在社會舞台的人充滿忌恨。

事實上，這些人之所以羨慕嫉妒某某名人，或是某某富豪、某某明星，往往都是只看到這些人在鎂光燈下光鮮亮麗的一面，卻不知道的掌聲的背後，隱藏著多少不為人知的辛酸和奮鬥歷程。

當我們看到別人粉墨登場，在台上獲得滿堂喝采的時候，不妨繞到後台，看看他們到底是付出了多少想像不到的努力，才有如今的成就。千萬不要天眞地以為單憑運氣就能獲得成功！

一八七二年，約翰．史特勞斯曾應聘到美國演出，波士頓特地為他建造一座可以容納十萬名聽衆和兩萬名表演者的大廈。

他在給朋友的信裡敘述當時的盛況：「為了對付這一大群人，他們給我一百個指揮做助手，我自己只能領導最靠近我的人。想像一下我在十萬名美國聽衆面前的處境，我站在總指揮的譜架前面，忽然響起砲聲，這眞是一種溫柔的暗示，它告訴我們這兩萬個表演者，音樂會可以開始了。我做一個手勢，我的一百位助手就盡可能急速地仿效我。就在這個時候，開始了我終生難忘的大場面……十萬聽衆興奮地大聲叫嚷……」

這次演出，不僅爲約翰．史特勞斯寫下生平最難忘的一頁，也是音樂史上空前的盛舉。

約翰．史特勞斯一生共寫下四十六首樂曲，其中包括波爾卡舞曲、圓舞曲、方陣舞曲、進行曲以及其他體裁的樂曲，被人譽稱爲「圓舞曲之王」。

他謙遜地表示：「我小小的功績，只在於把從前輩那裡繼承下來的形式加以擴充罷了。」

雖然他對自己的成就如此輕描淡寫，但是，那一首首動人的圓舞曲，像在歐洲陰暗的天空中響起驚人的巨雷，像在多瑙河畔翠堤上聽到春日來臨的腳步聲，使人們忘卻人生的憂患，對未來充滿歡樂和希望。

受到人民愛戴，獲得崇高榮譽的約翰．史特勞斯，在年近七十的晚年，還保持著繼承自父親的好習慣：每天清晨編寫歌劇和樂曲，並常常到劇院觀看自己歌劇的演出。

有一天，他挽著妻子參加一個宴會，在宴會上遇見了奧地利國王。國王指著正在演奏約翰．史特勞斯圓舞曲的樂隊，和周圍翩翩起舞的人們，既是讚譽，又是感嘆地說：「你是最幸福的人了。我只能指揮我的軍隊，而奧地利人民都陶醉在你的指揮棒下。」

約翰．史特勞斯卻嚴肅地回答：「蘋果雖然甜蜜，但誰又知道它的內心也有許多苦核呢？」

說完，他和妻子相視微微一笑，悄然離去。

當我們看到別人光鮮亮麗的外表時，內心羡慕之餘，也別忘了看看對方背後付出的努力和辛酸。

有些人整天只想當大老闆，以爲可以舒適地坐在辦公室指揮所有人，享受多金虛榮的氣派生活，卻自動忽略了老闆必須面對的責任、承受的壓力。業績拓展、員工管理、薪資發放、和合作廠商談條件、敵人競爭……這一切都是當小職員的人無法窺知的世界。

就像一位演奏出美妙樂曲的音樂家，我們欣賞他的才華、羨慕他的能力，但是是否可以想像，一天二十四小時裡，他必須花多少時間去練習，又必須犧牲多少娛樂和休息呢？

這麼說，並不表示我們永遠無法爬上金字塔的頂端，只是要讓自己了解，每一條通往成功的道路走來都不容易，必須有一定的心理準備，在向上追求的同時，付出同等的努力和犧牲。

只會坐在原地空想，一味憤世嫉俗是沒用的，要先秤秤自己的斤兩，才能找出往上爬的條件。

不斷磨練，才不會曇花一現

年少的時候接受磨練和考驗不見得是壞事，唯有勤奮努力，厚植自己的實力，才能避免「少年得志大不幸」的遺憾。

從許多活生生的例子可以得知，人若是太早成名，不見得是一件好事。

太早成名的人，除非自制力夠，否則很容易淹沒在衆人的讚美和掌聲之中，接著是自我膨脹，自以爲很厲害、很了不起，也就不再像還沒成名前，那麼努力地充實自己。

像這種別人給了他三分顏色，就不害臊地開起染坊，絲毫不知道什麼叫做「謙虛」的年輕人，太早成名對他們來說，不僅不是一件好事，還可能是一件毀了他一生的壞事。

某年夏天，一位年輕人登門拜訪年事已高的愛默生。他因爲仰慕愛默生的大名，千里迢迢前來尋求指導。

這位年輕人雖然出身貧寒，但氣度不凡，有一股吸引人的氣質，愛默生很欣賞他。臨走時，年輕人留下幾頁詩稿，愛默生讀了之後，認定他在文學上前途無量，決定大力提攜他。

愛默生將詩稿推薦給文學刊物發表，但回應不大。他希望這位年輕人繼續將自己的作品寄給他，兩位詩人開始了頻繁的書信往來。

年輕詩人的來信內容往往激情洋溢、才思敏捷，的確是個天才詩人。愛默生對他的才華大爲讚賞，經常對別人提起他。慢慢地，年輕詩人在文壇有了一點小小的名氣。後來，這位年輕詩人不再寄詩稿給愛默生，信的內容只是大談文學問題，也開始以名詩人自居，語氣越來越傲慢。

愛默生感到不安，擔心年輕人過於自滿。通信雖然繼續，愛默生卻逐漸成了一個傾聽者。秋天時，愛默生邀請年輕人參加一個文學聚會。

在這位老作家的書房裡，兩人有一番對話：

「後來爲什麼不寄稿子給我了？」

「我在寫一部長篇史詩。」

「你的抒情詩寫得很出色，爲什麼要中斷呢？」

「要成爲一個大詩人就必須寫長篇史詩，寫抒情詩是毫無意義的。」

「你認爲你以前的那些作品都無意義嗎？」

「是的，我是個大詩人，我必須寫大作品。」

「也許你是對的。你是個很有才華的人，我希望能盡早讀到你的大作。」

「謝謝，我已經完成了一部，很快就會公諸於世。」

文學聚會上，年輕詩人大出鋒頭，逢人便談他的偉大作品，鋒芒畢露，說起話來咄咄逼人。雖然沒人讀過他的大作，即使是小詩也很少人讀過，但每個人都認爲這位年輕人將成大器，否則愛默生怎麼會如此欣賞他？

轉眼，冬天到了。年輕詩人繼續寫信給愛默生，但不再提起他的大作。信越寫越短，語氣也越來越沮喪，直到有一天，他終於在信中承認，長時間來他什麼都沒寫，所謂的大作品根本就是子虛烏有，完全是他的空想。

他在信中寫道：

很久以來我就渴望成為一個大作家，所有人都認為我是個有才華有前途的人，我自己也這麼認為。我曾經寫過一些詩，並有幸獲得了您的讚賞，對此我深感榮幸。

使我苦惱的是，自此以後，我再也寫不出任何東西了。不知為什麼，每當面對稿紙時，我的腦中便一片空白。

我認為自己是個大詩人，必須寫出大作品。

在想像中，我感覺自己和歷史上的大詩人並駕齊驅，包括和尊貴的您。但在現實中，我鄙棄自己，因為我浪費了自己的才華，再也寫不出作品了。

尊貴的閣下，請原諒我這個狂妄無知的鄉下小子……

從此以後，愛默生再也沒有收到這位年輕詩人的來信。

東晉書法名家王羲之，每次練完字就在家門前的池塘洗毛筆。長期下來，池水由清變黑，成了有名的「墨池」。更讓人敬佩的是，王羲之對於功名富貴看得很淡薄，對於國家安危和民生疾苦卻非常關心。

創作最重要的是必須感動人心，一味自我陶醉的人其實寫不出什麼好作品。一個再有才華的人仍然得不斷吸收新知，不停地練習和努力，才能創作出一件件動人的作品。

故事中的年輕詩人犯了很多人在小有名氣之後都容易犯的「大頭症」：自視甚高，不再吸取新知，甚至恃才傲物，不懂得謙虛爲懷。

年少的時候接受磨練和考驗，不見得是件壞事，因爲這時候唯有腳踏實地、勤奮努力，厚植自己的實力，才能避免「少年得志大不幸」的遺憾。

可以在舞台上長久綻放自己的美麗，而不只是曇花一現的人，都是不停努力耕耘的人。

身上帶刺，只會使自己陷入絕境

如果我們總是渾身帶刺，動不動就刺傷他人，最後的結果只有處處樹敵，陷自己於孤立無援的絕境。

有些個性像刺蝟的人，跟別人講不到三句話，就有兩句半語中帶刺，搞到後來周遭的朋友都被自己得罪光了。

最可悲的是，這些人還不知道自己就是始作俑者，一天到晚只會四處抱怨爲什麼每個朋友都把他當成瘟神，從來不願好好地反省，更不願承認原因就出在自己的身上。

渾身是刺的人當然不受歡迎，除非是被虐待狂，否則沒有一個人喜歡跟滿身是刺的「刺蝟」交朋友。

小趙在一家藥廠工作。有一天，電路出了問題，主任忙著修理時，小趙幫忙把工具遞給他，就在遞電工刀時，不愼劃破了主任的手。

主任非常生氣，斥責小趙不該在遞刀時將刀尖對著他；小趙則認爲這是件小意外，主任故意找自己麻煩。

雙方激烈爭吵的結果，是老闆開除了小趙。

回到家後，心懷不滿的小趙要母親評評理，母親沒有多說什麼，只要他到大哥家走走。

小趙的大哥三歲時因爲生病而雙眼失明，是母親心中永遠的痛。好在大哥不因此氣餒，反而加倍努力，習得謀生手藝，膝下幾個小孩也很爭氣，畢業後都有份不錯的工作。

大哥對於小趙的來訪十分高興，親自爲他縫了一床冬被。大哥熟練地穿針引線，大嫂在旁邊遞剪刀、針線。小趙驚訝地發現，大嫂遞針和剪刀的時候，都是將針尖、刀尖對著自己。

大嫂說：「我倆都是盲人，在傳遞東西的時候，只有將針尖刀尖對著自己才不會傷著對方。」

小趙這才明白，大哥大嫂結婚多年還是如此恩愛，沒有吵過一次架，原來是這樣時時刻刻爲對方著想。

大嫂的話讓小趙對自己劃破主任的手的行爲有了認錯的念頭。但轉念一想，盲人是因爲看不見對方才這樣，正常人難道也這樣嗎？

第二天，小趙受當醫生的侄兒之邀，到醫院用閉路電視觀看手術的過程。小趙看到護士遞手術刀、止血鉗、縫合針等器械給醫生時，都是將刀尖、針尖對著自己。

這時，小趙才徹底意識到，原來自己是如此自私，不曾爲別人著想。他爲此深深感到慚愧和自責。

從小，父母都如此告誡我們：「拿剪刀給別人時，不可以用刀尖對著別人，要拿刀柄給對方，才不會害人受傷。」

沒有特殊的原因和理由，這個習慣就這樣自然而然養成了。多年來，也沒有特別去想過這個問題，甚至認爲這是常識，人人都應該知道才對。

直到慢慢成長後才發覺到，在這個社會上，並不是每個人都有同樣的用心替對方著想。用「刀尖」對著別人，不僅只有安全上的問題，更能反映出一個人怎樣與社會及大環境相處。

如果我們總是渾身帶刺，動不動就刺傷他人，最後的結果只有處處樹敵，陷自己於孤立無援的絕境。不僅職場如此，在家庭中、夫妻間、朋友相處，都是同樣的道理。

不用擔心利刃會劃破掌心，因爲這是你自己能控制的。用柔軟的手心握住對自己危險的「刀鋒」，是爲了保護別人、尊重彼此，並不是委屈自己的壞事。

要理性判斷，才能安全過關

每一個標準都可能有疏失的時候，在下決定之前，也別忘了透過自己的理性判斷，為每一個決定做最後的把關工作。

只要過度信任某人，人就會不自覺地被牽著鼻子走。

曾經有個例子，有一家大公司的主管，相當信任他的秘書，很放心地將要向總經理提報的簡報交給秘書來做，甚至在簡報做完之後，因爲對秘書太過放心，沒有事先確認，一直等到向總經理提報的當天，一看到資料，才驚覺大事不妙。

秘書準備的簡報，內容雖然沒有太大問題，卻有一個致命的錯誤，那就是將總經理的名字打錯……

從這個例子可以知道，適度地授權固然重要，但如果想讓事情安全過關，自己一定要嚴格把關。

有個人養了幾隻老鼠，讓牠們過著「上流」的生活。他每天除了餵老鼠美味的食物外，還小心地爲牠們擦洗身子，老鼠稍有不適，就異常擔心。

他對老鼠的關懷更甚於自己，因此老鼠跟他的關係非常親密。天晴時他們在院子裡玩耍，下雨天就在家裡捉迷藏，他們還經常一起去旅行。

他覺得和老鼠生活在一起非常快樂，但這並不是他疼愛老鼠的主因。

他常常撫摸著老鼠，口中嘟囔著：「如果沒有你們，不知道我會遇到多少災難呢！」原來，他利用老鼠有預知危險的本領，爲自己躲掉多次災難。

一開始是在多年前的某一天，老鼠突然集體往屋外逃，他還弄不清是怎麼回事，只是沒命地在後面追。這時，大地震發生了！整座房子應聲倒塌，他因此逃過一劫。

還有一次，他坐船要出海，才剛要踏上甲板，老鼠就在他的提袋裡騷動起來，他立即止住腳步，老鼠隨之安靜下來。結果，出航的船遇上大風暴，沉沒在大海裡。

這天，他餵老鼠吃東西時，發現牠們不同尋常，顯得惶恐不安。他知道這是危險的預兆！

「將要發生什麼事？是火災，還是水災？不管了，趕快搬家吧。」由於事出突然，他也顧不得價錢的好壞，胡亂賣掉房子，匆忙搬走了。

喬遷新居後，老鼠恢復了常態。

他稍事休息後，就打電話回去問以前的管理員：「喂，我是以前的老住戶，想打聽一下，我搬走之後，原本的屋子有沒有什麼變化？」

「好像沒什麼。」

「不會的，請您仔細想一下。」

「勉強要說嘛，就是您走後不久，隔壁來了新住戶。」

「是嗎！新搬來的是什麼樣的人？一定是位可怕的人物吧。」他興奮地問著。

他想，災難這時恐怕已降臨到隔壁，自己要是不搬，無疑會被捲入離奇的事件中。

但是，對方的回答卻讓他意外。

「不，是位很和善的人。」

「眞的嗎？」他懷疑地問。

「是的，因爲他非常愛貓，養了很多，所以……」

從古至今，有許多人類依靠動物的智慧的例子。例如，華佗從動物的行爲中發現可以麻醉的草藥；在氣象預測還沒現在發達時，住在草原上的人們利用麝香鼠造窩的厚度來判斷那年冬天會不會很寒冷。動物的敏銳性比人還強，因此牠們能比人類快一步做好準備。

舉個簡單的例子來說，快下大雨時，就很容易看到螞蟻遷移的身影。可是，若你以爲看到成群螞蟻就是快下大雨，卻沒注意到放在廚房的糖罐忘了蓋緊，那麼很快地，屋子就要蟻滿爲患了。

故事中的主人翁靠著老鼠的警覺性，躲過了多次災難，卻忽略了老鼠警覺到的不是只有天災，還有對自己有害的天敵——貓。匆忙搬家的結果，就是賤價賣屋的損失。

我們的生活都有一個可供依據的指標，可能是宗教、師長、某某專家，甚至是戴在手上的錶。

我們可以完全信任他們，但也必須保持一定的「彈性」空間，靠自己的直覺和判斷能力做最後的視察，才能更完善地保障自己的身心安全。

畢竟，每一個標準都可能有疏失的時候，也許是對方一時口誤，或個人主觀的意見，甚至是手錶電池快沒電，都可能提供不客觀的資訊。

因此，在下決定之前，除了參考自己信任的指標之外，也別忘了透過自己的理性判斷，爲每一個決定做最後的把關工作，生活才能更加安心。

想脫穎而出，得多花點心思

領域不同，更要多花一點的心力。要使自己在不同領域中脫穎而出並非不可能的事，只要願意挑戰自我，就有成功機會。

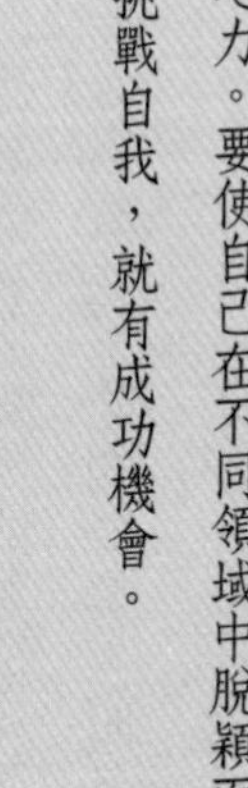

天才和庸才往往是相對的，把人才擺在不對的地方，就會變成庸才；相對的，一些看似平庸、笨拙的人，只要找對了舞台，一樣可以發光發熱。

例如，叫一個只會寫程式的電腦天才去當廚師，這個天才可能連菜要怎麼清洗都要學半天，更別說是炒出一盤可口好吃的菜了。

當然，興趣和後天的努力也很重要。並不是每個人天生就是某個領域的天才，但只要感興趣，懂得努力，即使一開始連菜都不會洗，未來照樣可以成爲大廚師。

在一座森林裡，一隻淘氣的小猴子、身上的毛糾纏不清的山羊、憨頭憨腦的驢子和笨手笨腳的熊，打算組樂團，來個偉大的四重奏。

牠們好不容易弄來了樂譜、中提琴、小提琴和兩把大提琴，就坐在一棵菩提樹下，想用牠們的音樂風靡全世界。

牠們笨手笨腳地拉起琴來，連五線譜都看不懂的牠們，可想而知會拉出怎樣的聲音。咿咿呀呀的聲音，讓所有的動物和植物都皺起眉頭。

小猴子率先說道：「停一下吧，兄弟們。這種演奏方法不好，我們連位子都沒坐對。大熊，你奏的是大提琴，應該坐在中提琴的對面。第一提琴該坐在第二提琴的對面。這樣一來，我們就能奏出截然不同的音樂，叫鳥兒和大樹都歡喜得跳起舞來。」

牠們調動了位置，重新演奏起來，可是怎麼也演奏不好。

「嗨，停一停！」這次是驢子開口：「我已經抓到竅門了！我相信坐成一排演奏會更好。」

牠們按照驢子的辦法，坐成一排，可是這樣的安排不但不管用，而且更是亂得一塌糊塗。接下來的時間裡，牠們不斷爲了怎樣坐以及爲什麼這樣坐的原因吵了起來。

吵鬧的聲音，引來了一隻夜鶯。大家就向這位擁有美妙歌喉的音樂家請教演奏的竅門。

牠們說：「請你仔細教導我們，我們想奏出四重奏，一直無法找出方法。我們有樂譜和樂器，你只要告訴我們位置怎樣坐就行了！」

夜鶯答道：「要奏出一首四重奏，你們必須懂得演奏的技術，光知道怎樣坐是不夠的。就算換了別的樂器，結果也會一樣。」

這個故事讓人想起韓國一個「亂打」團體，他們不用正宗的樂器，而是利用廚房常見的鍋、碗、瓢、盆等器具，演奏出震撼人心的打擊樂。

他們眞的是「亂打」一通嗎？其實不然，每一個打擊出的聲音和節奏，都是經過精心安排的。

故事中的四隻動物只看到別人演奏樂器的表象，以爲只要依樣畫葫蘆，安排好座位，就同樣能夠譜出優美的音樂，卻不知道其中大有學問。

領域不同，的確會讓一個專家成爲無知的人。然而，這並不是教人放棄而是要提醒大家，因爲領域不同，更要多花一點心力去研究和努力。

或許你無法奏出美麗的樂章，但是能用欣賞的角度感受其中的美妙才最重要。當有一天，你想嘗試進入這個領域時，就能感受到自己的不足，也知道需要加強的地方在哪裡。

不僅在音樂或其他藝術領域如此，人生的歷練、生活的挑戰也是同樣的道理。光是位子坐對是不夠的，還要學會看五線譜，再配合實質的練習，才能讓自己不斷進步。要使自己在不同領域中脫穎而出，並非不可能的事，只要願意挑戰自我，就有成功的機會。

7.

忘掉難過，歡樂就會更多

能改善的部分都盡力了之後，
就該忘掉那些惱人的部分，
只記住美好的部分，
這才是讓生活更輕鬆自在的處世態度。

改變思緒，就能發揮潛力

思緒的力量有著極大的影響力。只要能肯定自己，就能發揮自己都想像不到的潛在力量。

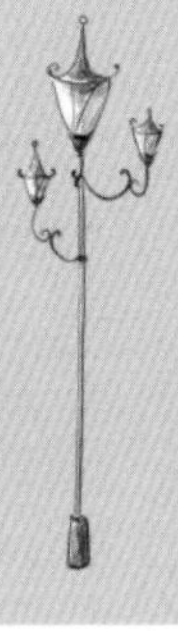

有很多事情之所以難以達成，並不是我們沒有能力做到，而是還沒嘗試去做之前，就已經在內心認爲自己做不到。

其實，每個人在潛意識裡，都潛藏著一股超過自己「顯能力」不知多少倍的「潛能力」，重點是，我們是否懂得用正面思維去啓動它。

許多事例都證明，面對自認爲做不到的事情時，只要潛意識相信自己做得到，並且下定決心全力以赴、放手一搏，就會發現再困難的挑戰都能迎刃而解。

身爲一名舉重選手，吉姆在職業生涯中遭遇到最大的障礙，就是遲遲無法突破當前的瓶頸，順利地舉起超越自己紀錄的重量。

幾乎每一位運動員在某一段時間都會遭遇到同樣的問題，像是無法突破既有的分數、表演形式或演出水準，也可能是球速無法進步、射擊的準確性不足、競賽的時間長短、某一高度或距離等等。

吉姆在舉重訓練中，穩定且持續地克服更高的重量限制，從四百磅、四百五十磅、四百七十五磅、四百九十磅、四百九十五磅，一直到四百九十八磅，但他就是舉不起五百磅的重量。

雖然他口口聲聲說自己一定能夠舉起來，但在他的心中卻不這麼認爲，他覺得自己無法克服五百磅大關。

當舉重達到一定的重量時，選手通常不會自己抬著舉重桿，否則開始舉重之前，心裡就會感到疲憊不堪，所以通常都是由訓練員幫忙抬著舉重桿。

有一天，他的教練對他說：「吉姆，我們再試一次，然後就可以洗個澡回家休息了。來吧，再舉一次四百磅。」

吉姆一鼓作氣舉起重量桿，然後他的教練宣布：「我的天啊！我敢肯定這個桿子有五〇六磅！」

從那一刻起，對他而言，要舉起五百磅的桿子不再有任何困難，他不再懷疑自己有能力舉起五百磅的重量！

因爲不知道自己舉的是五〇六磅，所以吉姆在無意中打破了自己的紀錄。這讓人思索一個問題：許多看似困難重重的事，究竟是眞的沒辦法做到，還是自己認爲做不到？

你可能正身爲卡奴一族，累積的債務築成一座高台；每天都接到銀行的催債電話、親戚朋友都避而遠之，深怕你開口借錢；你的工作沒有前瞻性，甚至面臨被裁員的危機；你覺得自己已經走入絕望的深淵，看不到明天……

生活陷入困境，覺得氣餒沮喪的時候，不妨問問自己：「有些人背負的債務比我多上好幾倍，他們有辦法還完，甚至開創新事業，爲什麼我不能？這到底是什麼原因？」

這個提問能讓你重新面對自己的困境，思索解決問題的方法。你或許無法馬上得到答案、做出結論，可是你的想法已經改變。

思緒的力量有著極大的影響力。

當你對自己感到懷疑，就無法充分發揮實力。只要能肯定自己，就能發揮自己都想像不到的潛在力量。

搞清楚狀況，才不會越幫越忙

為別人擔憂解勞，幫助他們解開煩擾是一件好事，但必須了解狀況、對症下藥，才能達到改善的目的。

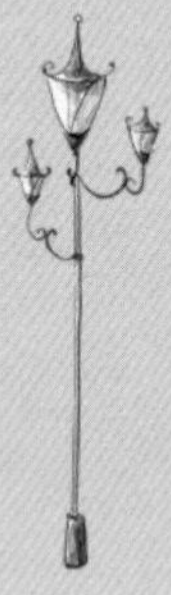

有些過於熱心的人，往往還沒搞清楚事情的來龍去脈，就急著出手幫助別人，結果不僅沒有幫到忙，反而越幫越忙。這就像庸醫還沒詳細診斷出病人的症狀前，便依照所謂經驗法則開藥給病人吃的道理一樣，沒有把人醫死，已經是不幸中的大幸，更別說把病醫好。

切記，決定幫助別人時，不要操之過急，必須先通盤了解別人的問題之後，再出手幫忙，如此才不會越幫越忙，落得裡外不是人的下場。

著名的進化論先驅達爾文在日記中寫了一件自己曾經做過的「蠢事」。

十九世紀中葉時，達爾文曾周遊世界。有一次，他來到非洲一個原始的部落，那裡的人住山洞，吃草根和野果，過著茹毛飲血的原始生活。

達爾文在那裡住了幾天，有了驚人的發現。

由於當地環境惡劣，資源短缺，人們找不到食物時，就將老弱病殘的人分而食之。他們所持的正當理由是：被吃掉的都是公認喪失勞動能力，對部落沒有貢獻的人。

達爾文對這種習俗非常難過，心想，世界已經進入文明時代，但這裡的人還這麼野蠻殘忍，一定要想辦法改造他們。

他用高價買下當地一個出生不久的男嬰，把他帶回英國，想要用現代的教育方式，使這個擁有非洲血統的小孩變成一位「文明人」，然後再讓這個「文明人」去改造家鄉人吃人的原始狀況。

在達爾文用心栽培下，數年後，這個小男孩果然長成了「文明青年」。達爾文非常高興，透過熟人的幫助，把「文明青年」送回非洲。

一年後，達爾文又來到非洲，想看看十七年前的原始部落有多大的進步。誰知，他卻找不到那個「文明青年」。詢問之下，當地人才告訴他，他們把那個年輕人吃掉了。

達爾文聽了大大吃了一驚：「那麼優秀的人，爲什麼把他吃了？」

「他什麼都不懂，什麼都不會做，還不如吃掉，留下來有什麼用？」當地人理所當然地回答。

來自文明世界的人，反而拖累了在困苦環境中求生存的大衆。在原始部落的認知中，什麼都不會的他，只能貢獻出自己的軀體當食物。

自詡爲「文明人」的人多半自視甚高，以爲有了知識就可以改變一切，卻沒有眞正去體會整個大環境的需要。

對原始人來說，「文明」根本是沒用的東西。

他們最需要的，就是每天使自己得以活下去的三餐。他們所過的生活，只不過是遵循大自然最基本的規則。

惡劣環境、物質資源不足，才是眞正需要解決的根本問題。

我們是否也曾像達爾文一樣，只看到表面，就將自己所認爲的好方法、好建議，硬套在對方身上呢？試著回想一下自己的經驗，當你煩惱的時候，是否曾經被「熱心」的友人強迫接受他提供的解決辦法？

「熱心友人」通常只能看見問題的表象，提出的建議對於解決問題多半一點用也沒有，卻自認自己的辦法最有效，逼你一定要照著他的話做。這樣的「熱心」，使得已經很苦惱的你又添加幾許厭煩，即使知道對方是好意，也會覺得受不了。

如果你受不了對方如此「熱心」，就不要把同樣的痛苦加在別人身上。

爲別人擔憂解勞，幫助他們解開煩擾是一件好事，但必須了解狀況、對症下藥，才能達到改善的目的，否則只會愈幫愈忙，甚至傷害了自己。

忘掉難過，歡樂就會更多

能改善的部分都盡力了之後，就該忘掉那些惱人的部分，只記住美好的部分，這才是讓生活更輕鬆自在的處世態度。

無論遇到什麼傷心難過的事，都必須切記，越是讓自己陷進痛苦的漩渦，就越無法自拔。

想讓難過消失的最好方法，就是試著「苦中作樂」。最好做一些正面的事情，來忘記痛苦。

這不是所謂的「逃避」，而是經由別的管道來讓自己「放下」那些本來就不應該繼續存在的痛苦和難過。

默特爾唸小學二年級時，有一天放學回家，一進門就撲進媽媽的懷裡抽泣：「下課休息的時候，一個男同學高聲說：『默特爾，默特爾，慢得像龜沒法逃，長得這樣胖怎麼辦才好？』然後人人都跟著他說……他們爲什麼要嘲笑我？我該怎麼辦？」

「我想最好的辦法就是，他們開你的玩笑，你就跟他們一起鬧。」媽媽一邊安慰他，一邊提供解決的辦法。

「怎麼鬧？」

「我們不妨用喜兒糕試一試。」媽媽的眼睛閃閃發亮。

「喜兒糕？」

「對！默特爾的喜兒糕！我們現在就來做。」

很快地，廚房裡就瀰漫著烘烤巧克力、草莓、奶油和果仁的香味。麵粉團剛烤成淺咖啡色，媽媽就把蛋糕從烤箱裡取出來。

「你的班上有多少個同學？」她問。

「一共二十三個。」默特爾回答道。

「那麼我就把喜兒糕切成二十八塊。分給每個同學一塊，老師湯姆金斯太太一塊，再讓她帶一塊回去給她的丈夫，還有一塊給校長先生，剩下的兩塊我們現在就吃。」

「明天我開車送你到學校之後，」媽媽說：「會先去跟湯姆金斯太太談談。到時候她會叫你的同學排好隊，然後一個接著一個對你說：『默特爾，默特爾，請你給我一塊喜兒糕！』」

「接著，你就從盤子裡劃起一塊來放在餐巾紙上，拿給同學並對他說：『我是你的朋友默特爾，這是你要的喜兒糕！』」

第二天，媽媽所說的全都實現了。

從此以後，同學做的第一首打油詩沒有人再唸了。現在默特爾不時聽到同學唸道：「默特爾，默特爾，給我烤個喜兒糕！」

媽媽在萬聖節、聖誕節和情人節都烤喜兒糕，讓默特爾帶到學校分送給同學。

昔日嘲笑他的人都成了他的朋友。

默特爾的母親是一位很了解孩子心理的母親，對於幼小的孩子們不了解玩笑話的嚴重性，以及將對他人造成傷害的這一點，她用了最溫和而且最有效的方式來解決。

她並不急著跑到學校找老師或學生家長興師問罪，反而用另一種「遊戲」的方式巧妙改變了整個局面。這個「遊戲」的鬧法，就是讓他們只記得有趣、好玩又好吃的部分，忘掉先前的玩笑與嘲弄。

從單純的孩子身上，我們也能學到一個寶貴的經驗——只要記住好的部分，不愉快的事就會逐漸淡忘。

很多生活上的壓力除了原本就存在、不可避免的部分之外，其實有很多都是自己施加給自己的。

上司指責你、同事說你壞話、父母對你嘮叨、另一半和你吵架、小孩不聽話，種種都讓你覺得不愉快。當這個時間點過了以後，你卻無時無刻不將這些人的話放在腦海裡一再回想，那就是一種自虐、自討苦吃的行爲。

能解決、改善的部分都盡力了之後，就該忘掉那些惱人的部分。不要月初生悶氣，到了月底成了胃潰瘍！

試著將被罵、不愉快的部分忘掉，只要記住被稱讚、美好的部分。這才是讓生活更輕鬆自在的處世態度。

別被外在環境影響內心平靜

只要做好自己本分上的工作，就不需要太在意別人的想法。別人的攻擊、冷言冷語我們不一定要接受。

曾經在臉書上看過一句俏皮話：「一個瞎子老公配上一個聾子老婆，等於一段幸福婚姻。」

人的心情很容易受到一句尖酸苛薄的話語，或一個不屑的動作影響，原因大都出在別人的話語或動作剛好踩到自己內心的痛處。

但是，換個角度想，那些帶刺的話語和做挑釁的動作，目的就是要激怒我們，如果我們受到影響，悉數接收下來，並氣得直跳腳，不就正好幫助別人達到他們的目的？

所以，當別人用言語或動作來挑釁自己的時候，我們不妨「裝聾」和「裝瞎」來因應。

自古以來，雞群總是喜歡相互挑釁。這個本能是牠們建立階級、地位的辦法。直到人類開始養雞以後，這種互鬥的脾氣就成了「生意人的煩惱」。上百萬隻雞在雞舍裡打來鬥去，讓養雞人面臨的「雞群死亡率」高達百分之二十五。

幾年前，加州一個蛋農發現他的雞死亡率忽然大降，仔細觀察之後，原來是因爲有很多雞罹患了白內障。獸醫告訴他這種病無法根治，然而這名蛋農並不是眞的想幫雞治病，因爲雞愈看不清楚，就愈不會互相打鬥。

獸醫們針對這個現象做了一番研究，他們打算利用鏡片製造白內障效果。經過實驗之後發現，戴了粉紅色隱形眼鏡的雞，會失去互相挑釁的衝動。

這個消息一傳出，除了美國各地，還有遠從世界多個國家紛紛寄來大量的訂單。可惜這樣熱門的產品還不能進入量產階段，因爲鏡片開發仍不夠完善，很容易就會滑落。

又經過幾年的研究，獸醫成立了一間公司，製造出較爲可靠的鏡片，一旦幫雞戴上，可以維持一年不掉出來。這種隱形眼鏡裝在雞的內眼皮上，內眼皮不能再張開，牠們就看不清楚了。

至於粉紅色鏡片的醫學解釋是，雞看見血時，互相侵啄的本能就會增強，所以只要讓牠們看見一片粉紅的世界，血的顏色就不會那麼明顯了。

在這種新型隱形眼鏡尚未問市之前，大多數雞農的解決之道是把剛孵化小雞的尖喙剪掉，但這不是個好辦法。

一方面喙不完整，啄食時會造成浪費；另一方面，「愛雞協會」及其他保護動物組織也反對剪掉雞喙的粗魯辦法。

新的雞專用隱形眼鏡每副約二十分美元，保證雞的死亡率從百分之二十五減到百分之五。雞雖然會終身視線模糊，但是牠們可以專心生蛋長肉，不會急著去打鬥，也不怕被同類啄死。

至於雞農如何替上百萬隻雞戴上隱形眼鏡，就要靠雞農自己傷腦筋了。

電影〈花好月圓〉中，一位失去嗅覺的老太醫，在有機會獲得治療的情況下卻斷然拒絕。

這是因爲他的老婆是一個很會放屁而且奇臭無比的人，爲了不讓「臭屁」影響兩個人的感情，他寧可放棄自己的嗅覺。

在故事中，雞群們也因爲看不清楚而減少打鬥的情況，這是不是也告訴我們，有時候做人不需要太過於斤斤計較，有些事情、有些話，看過、聽過就算了，不用太放在心上。

每當政治成爲發燒話題時，總有許多家庭爲了政黨問題鬧翻天，甚至有許多人必須求助於心理醫生。心理醫生也不停呼籲人們少看新聞，才不會愈看愈氣，徒增自己的精神壓力。

當一個粗線條的人並沒有什麼不好，或許會有人覺得這種人反應慢、思考不夠敏捷，但那又何妨呢？粗線條一點，很多不愛聽、不好聽的話就聽不懂，也不會聽進去。

只要做好自己本分的工作，就不需要太在意別人的想法。

讓自己「看不仔細」、「聽不清楚」並不是逃避責任，而是保護自己的一種方式。別人的攻擊、冷言冷語我們不一定要接受。碰上這些事的時候，可以選擇閉上眼睛、關上耳朵，享受一個人的寧靜。

別失去後才知道珍惜

不管我們的生命面貌如何，只要珍惜活著的難得，我們都會有最健全而豐富的人生。

喜歡抱怨的人，日子自然過得痛苦。

除非自己願意放下，否則這些發自內心的怨氣，沒有人能幫你消除。而且，抱怨越多的人，越會鑽牛角尖，最後連自己也不給自己任何機會。

有個殘障人士氣沖沖到天堂找上帝理論，質問上帝，爲什麼不給他一個健全的身軀。

上帝面見他時，什麼話都沒說，先介紹一位朋友給他。這個人剛剛死亡不久，看著這位殘障的朋友，便對他說：「珍惜吧！至少你還活著啊！」

這時，有個官場失意的人也來到天堂找上帝，抱怨上帝爲什麼沒有給他一個高官厚祿的機會。上帝看著他，對他說：「我來介紹一個朋友給你！」

於是，上帝把這位官場失意的人，帶到那位殘障者身邊。殘障者看著四肢健全的失意人，若有所悟的說：「珍惜吧！至少你還四肢健全，身體健康！」

話才說完，忽然有個吵鬧的聲音，原來又有個年輕人來到天堂要找上帝理論，他說：「爲什麼都沒有人重視我？也沒有人要重用我？」

上帝笑了笑，便請失意人過來，並介紹他們兩個人認識。失意人看著年輕人，也明白上帝的用意，於是對年輕人說：「珍惜吧！至少你還年輕！」

忽然，天堂發生了一陣顫動，年輕人旋即從天堂掉了下來，不禁害怕地叫喊了一聲。「碰！」年輕人頭上撞了一個包，原來是一場夢！

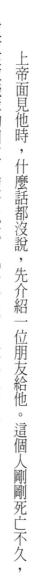

眞的只是一場夢而已嗎？

其實，這是年輕人的自省，也是我們應當深刻反省的。

當我們看見殘而不廢的朋友，看見病友們面臨死亡時的生命活力，或是看見勤奮學習的老人，心中難免感到慚愧。爲什麼在這些有所殘缺的生命身上，反而愈見生活能量？

因爲，他們曾經「失去」，所以知道「珍惜」。

但是，眞的非得失去了才知道珍惜嗎？當然不是，如果你還年輕，如果你身強體健，千萬別再等待失去後的珍惜醒悟。

別人的經驗談，老人家的生活禪，我們都應該多多聆聽與學習。因爲，那些是他們用生命換來的體悟，我們有機會獲得這些智慧箴言，就要懂得學習與把握。

每個人只能活一次，即使生活的問題再多，只要懂得活著的難得，我們都會是積極樂觀的人。不管我們的生命面貌如何，只要珍惜活著的難得，我們都會有最健全而豐富的人生。

用善意的謊言來圓殘酷的事

從生者的角度來想，與其讓活著的人心疼死者的靈魂，不如先解救活著的人的靈魂。

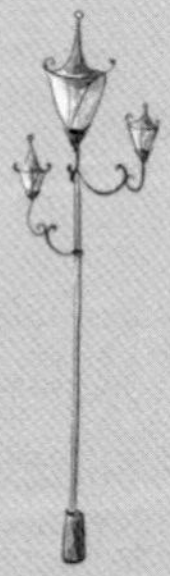

俄國文學家高爾基在他的名著《我的大學》裡，曾經寫過這麼一段深刻的句子：「人生太苦了，所以每一個人的靈魂都需要一顆糖，這顆糖的名字就叫做善良。」

從這個角度來說，謊言並不是絕對之惡。

如果你可以用善意的謊言來安慰別人，那麼又何必非得以殘酷的實話來傷透人心？

一八四八年，美國南部一個寧靜的小鎮上，有個刺耳的槍聲劃破沉寂的午後，一個剛入警局的年輕警員，隨即跟著警長匆匆出勤！

有個年輕人被發現倒臥在地板上，地上滿是鮮血，有一把手槍掉落在他的右手掌邊，還有一張筆跡凌亂的遺書，上面寫著他鍾愛的女人昨天已和別的男人上了教堂……等等。

死者的親友全都呆呆地站著，年輕警員同情地看著他們，每個靈魂的眼裡盡是哀傷與絕望。因為，自殺對於基督徒來說，是一個非常嚴重的罪過，死者的靈魂將從此受到烈焰焚燒的懲罰。

這時，一直緊鎖雙眉的警長開口說：「不，這是謀殺！」

警長彎下了腰，在死者身上摸索了許久，威嚴地問：「你們有誰看見他的銀色懷錶？」

年輕人的遺書裡提到，這只銀色懷錶是女孩送給他的重要信物，而且在場所有人都知道，死者活著的時候，幾乎每隔五分鐘都會拿出來看一看。

所有人一聽到警長這麼問，全都搖頭說不知道。

只見警長站了起來，神情嚴肅地說：「如果你們沒有看到，那一定是兇手拿走的，看來這是謀財害命的案件。」

這時，死者的親友們再次大哭起來，但是哭泣聲中反而帶了點解脫，那是因爲欣慰死者不會受到上帝懲罰的哭泣。

鄰居們紛紛上前安慰，警長也信心滿滿地說：「只要找到懷錶，就可以找到兇手了！」

隨即，兩個警察走到門外探尋。看著眼前波動的大草原，新手對於長官的明察秋毫非常欽佩，問道：「長官，我們要從哪裡開始呢？」

這時警長從口袋裡慢慢地掏出了一個懷錶，年輕人忍不住叫出聲：「難道是……」

警長連忙說：「每個人都知道，要在這個大草原裡找到兇手，就像在要這片草原上找到一株毒草一樣困難啊！」

年輕警察不解地問：「可是，他明明是自殺的，爲什麼你要說是謀殺呢？那樣他的家人不是會更難過嗎？」

警長搖了搖頭說：「至少他們不必擔心死者靈魂在火獄裡飽受煎熬，等他們哭泣完後，自然可以清清白白地生活著。」

小警員仍然不解地說：「可是，說謊是一種違背忠誠的行爲。」

警長認眞地看著他說：「年輕人，你要記住，沒有什麼比活著的人還重要！仁慈的謊言會得到上帝的諒解。」

宗教的力量一直深深地影響著人們，不管是精神上還是生活上，宗教的約束力一直佔有舉足輕重的地位，甚至還接管到人們的死後。

所以，活著的人擔心著活著時的事，也擔心死後的事，只有死去的人什麼都管不著。

那麼，是死的人重要，還是活著的人重要呢？

面對死亡而哀傷、痛苦的人，是死了的人，還是活著的人呢？

生與死，用疑問的方式想答案，我們便能發現其中的關鍵所在。所以，警長從生者的角度來想，與其讓活著的人心疼死者的靈魂，不如先解救活著的人的靈魂。

至少他們不必再爲了救贖死者的靈魂而痛苦，將事情解釋成謀殺案件，至少可以讓活著的人相信，死者的靈魂將會清清白白地走進到天堂。所以，那不是謊言，而是另一種讓別人的心靈獲得救贖的方式。

現實，不是感情的絆腳石

不管親情、愛情或是友情，兩顆心不該有太多的外在企圖，而現實也不該是偕伴前進的絆腳石。

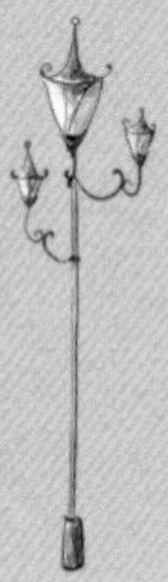

當一個人開口對你說：「爲了你，我再辛苦也值得。」這時在你心中，所有苦澀與淚水必將一掃而空。

不管目前生活多麼灰暗，不管歷經多少風雨，如今在你眼中，也只看得見那道美麗彩虹！

有一對新婚夫婦爲了要讓蜜月過得別有意義，於是便選擇跟隨一個探險隊到非洲冒險。

不幸的是，在一次自由活動當中，這對新婚夫妻卻與隊伍失去聯繫。他們迷失在原始叢林中，不僅沒有任何輔助工具，也沒有食物可充饑。完全沒有探險經驗的兩個人，自然非常惶恐，像無頭蒼蠅一樣四處亂闖，混亂的情緒更讓他們失去方向感，找不到出口。

到了傍晚時分，妻子鼓起勇氣對丈夫說：「不如我們分開來找吧！也許能多一線希望。」

丈夫回頭看了看妻子，接著將她緊緊摟進懷中，相互鼓勵一番，然後，他們便決定分頭尋找。

剛走不久，丈夫忽然回頭過來，脫下妻子爲他編織的毛線衣，還將毛衣上的線頭找出來，交給愛妻。

太陽下山了，叢林裡的氣溫驟降，丈夫手上的毛線也已拆盡，便繼續將毛線接到毛褲上。不久之後，他的身上只剩一件單薄的內衣，但夜晚的天氣卻越來越嚴寒。

丈夫最後因爲身體承受不了，凍死在叢林中。

第二天，朝陽升起，探險隊伍發現丈夫的屍體，也發現他手上緊抓的一條不知道延伸到哪兒的毛線。

他們沿著毛線伸展的方向搜尋，終於在十里外的地方，找到已經奄奄一息的妻子。

雖然是個悲劇故事，但其中隱含的生命之美，卻持續地燦爛燃燒。因爲愛的支持力量，讓他們在不同的世界中有了不同的重生。

當許多夫妻一天到晚爲小事吵鬧不休，甚至因此簽下離婚協議時，故事中的小夫妻是否給了我們一些啓示？

熱戀時，只想持子之手，訂下婚盟時，只想與子偕老，然而眞的纏繞相伴在一起時，所有難以預測的問題卻紛紛出籠。

結婚難道眞是被愛情沖昏了頭嗎？

其實，就像故事啓發的，不管親情、愛情或是友情，在人性之上，我們本來就應該存有「眞心」。

兩顆心不該有太多的外在企圖，而現實也不該是偕伴前進的絆腳石。因爲，當我們牽起他的手時，我們心底眞正應該想著的是：「我只想與你一同前進，不管路途有多艱辛，只要有你相伴，苦味也會變甜美。」

別讓束縛綁架幸福

為人子女若總是將「金錢」掛在嘴邊，以它為第一順位而不用心替父母著想，就是一種自私的表現。

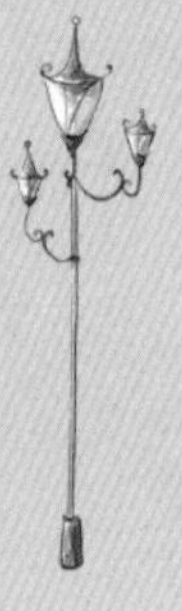

人常常爲了自己的幸福而犧牲了別人的幸福，卻不自知。

千萬別以爲自己認定的幸福，就一定是別人想要的幸福。殊不知，這只是將自己的價值觀，強硬地套進別人的思維裡。

此外，不要一味地要別人接受自己的觀念，也不要擅作主張幫別人決定或選擇他們的幸福。畢竟幸福這種東西，就像鞋子一樣，適合你穿的，並不一定適合別人穿。

小晴的父親在她很小的時候就因爲車禍身亡了，她們母女倆相依爲命，過著辛苦的日子。母親日夜不休地替人縫製衣服，賺取微薄的工資養家活口，小晴也很懂事，努力勤奮地讀書。她暗暗發誓，長大之後一定要闖出一番成就，讓母親過著舒服又幸福的好日子。

有一天，小晴放學回家，聽到母親多年不見的笑聲，其中參雜一道陌生的聲音，走進屋裡一看，是個陌生的中年男子。小晴突然想起死去的父親，便對陌生男子產生一股敵意。

母親看見她，紅著臉介紹著：「這位是李叔叔。」

李叔叔臉上堆滿笑意，忙著從袋子裡拿出一包東西遞給小晴。小晴楞住了並沒有接過來，反而沉著臉跑回自己的房間，躲在被窩裡哭了。

那晚，母親站在小晴的門外許久，只說了一句話：「李叔叔送妳一套新衣服，明天的演講比賽可以穿。」

到了第二天，小晴仍然穿著舊衣服，在母親失望的目光中堅定地走出家門。小晴果然不負眾望拿下第一名，母女倆都很高興，只是，那位李叔叔再也沒有出現了。

多年後，小晴大學畢業進入職場工作，認識了一個不錯的對象，而且論及婚嫁。小晴結婚的那天，母親說什麼也不肯一起拍結婚照，說自己是寡婦，不能跟新人一起上鏡。小晴望著母親滿頭銀髮，忽然想起那位李叔叔，又想起母親忙碌操勞大半輩子的身影。自己出嫁後，想到母親將一個人孤獨守著空屋子，小晴哭了。她現在才明白，年少的自己犯了一個多麼傻的錯誤。

母親笑著對小晴說：「傻孩子，媽媽不怪妳，妳幸福我就幸福啊！」

然而對小晴來說，她的幸福裡面一直有著隱隱作痛的遺憾。

報上曾經刊載過一則消息。有一個喪偶多年的老父親，認識了對岸一位和自己年紀差不多的寡婦筆友。

經過長時間的通信，彼此覺得心靈相通，老婆婆就辦了手續從大陸飛來台灣，打算和老先生一起作伴渡過晚年。可是老先生的兒女並不這麼認爲，他們覺得老婆婆這麼做的「動機」絕對不單純，一定是爲了分財產才接近自己的父親。因此從來不給老婆婆好臉色看，常常冷言冷語諷刺她。

好脾氣的老婆婆剛開始都不跟晚輩計較，但久了之後也會受不了。某一天，她什麼也沒帶就突然離開台灣回到大陸，再也沒出現了，因爲她要證明自己，不是爲了「錢」才接近老先生的。

看到這裡，相信很多人都會感到惋惜。試想，當父母年紀大了之後，子女又有自己的家庭責任無法陪在身旁，有一個人能夠陪伴年邁的父母安度晚年，是多麼難能可貴的事。

年幼的孩子看到父親或母親的地位被另一個陌生人取代，會產生抗拒的心態是正常的。可是身爲成年人的子女，若總是將「金錢」掛在嘴邊，以它爲第一順位而不用心替父母著想，就是一種自私的表現。

別讓自己的幸福，成爲別人的遺憾。

8. 正面思考，情況才會更好

人的意念具有很大的威力，若不能用「正確」且「正面」的態度面對疾病或是困境，對自己或他人都不是件好事。

正面思考，情況才會更好

人的意念具有很大的威力，若不能用「正確」且「正面」的態度面對疾病或是困境，對自己或他人都不是件好事。

納·科頓曾說：「所謂的壞事都會在我們的負面想法之中變得更壞。」

的確，有時候我們遇到的「壞事」，或許一開始並沒有想像中那麼壞，但是只要這件「壞事」進入充滿負面想法的腦袋中，那麼，即便只是開車被開罰單，也會變成好似世界末日般的壞事，結果當然越來越糟糕。

晚上九點，醫院送進一位小病人。那是個四歲的小女孩，因爲車禍，她的肋骨、骨盆腔骨折。

醫院裡沒有空的床位，孩子只能躺在擔架上。她的母親握著孩子的小手，跪在她的身邊，眼睛眨也不眨地盯著孩子蒼白的臉。

「媽媽，幫我包紮的叔叔說過幾天就好了，是不是？」

「是！」母親的臉上掛著慈愛的笑，好像很輕鬆的樣子。

「媽媽，那要過幾天？」孩子的聲音很小。

「用不了幾天，孩子。」孩子沒有說話，閉上眼睛，眼淚流了出來。

過了一會兒，孩子說：「媽媽，我好疼！」

母親彎下身子，把自己的臉貼在孩子的小臉上，擦乾孩子的淚水。當她抬起頭時，臉上依然帶著輕鬆的慈愛，笑著說：「媽媽爲妳講故事好嗎？」

孩子點點頭，眼淚還是不停地流下來。

母親的故事很簡單，是關於森林裡的動物們爲大象慶生的事。牠們送給大象很多珍貴的禮物，只有貧窮的小羊羞怯地講了一個笑話給大象聽。大象高興地謝謝小山羊為大家帶來歡樂，並說牠的禮物是最值得珍惜的。

孩子的眼睛亮起來，她擦乾眼淚，用快活的聲音說：「媽媽，牠們有蛋糕嗎？我過生日的時候妳是不是也會幫我買個最大的蛋糕？」

「當然要買蛋糕，等妳好了，我們就一起去買蛋糕。」母親的聲音那樣輕快，孩子也笑了。

「媽媽，再講一遍。」於是，母親一遍一遍地講下去，她的手一直握著孩子的小手，臉上掛著輕鬆且慈愛的笑容。

過了許久，女孩終於痛得忍不住了，眼淚再次流下，並輕聲嗚咽起來。母親一邊幫孩子擦眼淚一邊問：「妳想大聲哭嗎？」

孩子點點頭。

那時已經半夜一點多，醫院裡非常安靜。

「讓媽媽陪妳一起疼好嗎？」

孩子點點頭，又立刻搖了搖頭。

母親把自己的手放在女孩的唇邊說：「如果妳很疼，就咬媽媽的手。」孩子咬住了媽媽的手，可是眼淚還是不停地流。

後來孩子終於睡著了，臉上還掛著淚水，母親這時也淚流滿面。凌晨三點多，孩子從夢中疼醒，叫了一聲「媽媽」，就輕輕地抽泣起來。母親說不出話來，只能輕輕地叫著：「我的孩子！」

「孩子要哭，妳就讓她大聲哭吧。」一個聲音在房間裡響起。

「孩子，妳哭吧。」房間裡的人齊聲說著，他們竟然是醒著的。

母親看著孩子的臉說：「想哭就哭吧，好孩子。」

「叔叔、阿姨不睡了嗎？」孩子哽咽著問，眼淚浸濕了她的頭髮。

病房裡能走動的人都來到了孩子的跟前，一個四十歲左右的婦女拿起橘子，邊剝皮邊說：「吃個橘子吧，小寶貝，吃了橘子妳就不疼了。」說著眼淚滾落在孩子的臉上。

孩子吃驚地看著她，然後伸出自己的小手去擦阿姨臉上的淚，那女人更止不住地哭泣起來：「我從來沒看到過這麼懂事的孩子……」

那一夜，大家都沒有睡，每個人都被那孩子和她母親感動。

韓劇〈大長今〉中，長今常常告誡病患的家屬必須比病人更堅強，這樣才能帶給病患力量，幫助他早日康復。

這讓人想起東、西方對待病人的方式，以及病人表現出來的態度。

許多西方國家的觀念裡，病人並不認為自己是「病」人，只是需要暫時休息，行動略有不便而已。

所以不管是病患還是家屬，都能用樂觀的態度面對疾病，這當然不代表他們不擔心、不關心，但是他們更相信病可以痊癒。

反觀東方人，平日就不擅長表現「關心」的民族性，一旦生了病，才能大方博取人們的同情和關懷。因此，不管大病、小病，都會弄得愁雲慘霧，全家人都戰戰兢兢地服侍「病人」。

作家紐曼曾經寫道：「所有事情的好壞，並不在事件的本身，而是每個人對事件的看法和解讀。」

因此，當你面對糟糕透頂的「壞事」時，只要能夠換個角度重新思考，那麼你將會恍然發現，這件所謂的「壞事」，其實並沒有想像中那麼壞。

人的意念具有很大的威力，若我們不能用「正確」且「正面」的態度面對疾病或是困境，對自己或他人都不是件好事。

故事中的母親深知這點，因此一直以輕鬆的態度安慰女兒。她知道只有這樣，才能眞正幫助女兒忘掉疼痛，同時也教導女兒，苦痛是人生必須面對的考驗，不能因爲自己的苦難，就影響他人。

只有觀念正確的母親，才能教出如此貼心的孩子。

用一點心思，助人不是麻煩事

幫助別人不是必須大費周章的麻煩事，只要當成在做一件日常生活應該做的小事，便能輕易做到。

很多人以爲所謂的「做好事」，就是要像有錢人一樣，花很多錢「鋪橋造路」，或蓋醫院給窮人免費看病……殊不知，只要有心想做好事，不一定需要花大錢。

譬如走在路上，看到要過馬路，主動去協助他；又譬如搭公車坐捷運時，看到需要座位的人，主動讓位給他們……

諸如此類的「好事」，只是舉手之勞，就看我們想不想做而已。

希拉．凱茵飽受纖維肌肉瘤之苦，超常的體重使她的行動嚴重受阻，只能整天待在家裡，生活起居全都得靠家人幫忙，這讓凱茵覺得自己就像個廢人一般毫無用處。

她從來沒想過，有一天一無是處的自己能找回自信，這都要歸功於幾位好心的陌生人，讓她第一次發現了自己的個人魅力。

這件事開始於凱茵發現的一個專門幫助婦女減肥的網站。

這個組織的成員大約有十五個人，幾個月來一直與凱茵保持密切聯繫，仔細且耐心地教導她有效減肥方法，並交流各種心得，這些方法幫助凱茵一下減了四十五公斤之多。

當這個網站計劃在芝加哥舉行一個大型晚會的消息傳來時，凱茵的身體已經強壯得足以成行，但卻受限於財力狀況，只好放棄參加的機會。

幾位凱茵的網友以教母自稱，不願透露自己的眞實姓名，慷慨且無聲息地爲凱茵捐助了她此行需要的一切費用。凱茵從來不知道她們的姓名，但她心裡明白是她們幫助自己減肥成功的。

凱茵回憶道：「我簡直不能相信，這就像童話故事那樣美好，我的夢想竟然成眞了。」

減肥小組的主要發起人覺得幫助凱茵有著深遠的意義，她說：「我所受的教育不多，但我總是夢想長大以後，能夠成爲一個夠幫助別人的人，就像所有神奇且溫柔的教母一般。」

「我有一個小孩了，」某次友人開心地說，接著自言自語道：「我該在信裡寫些什麼呢？」

看著她露出許久不見的燦爛笑容，身旁的人也感受到這份喜悅。原來，她透過某個慈善團體認養了一位非洲小朋友，幫助對方上學去，她正想著該寫怎樣的一封信來鼓勵認養的對象。

很多年輕時吃過苦的人，會許下「有朝一日要幫助別人」的心願。或許他們的成就無法大到「造橋鋪路」，但是並不影響幫助別人的決心。

利用組織性的慈善機構幫助需要幫助的人，在自己的能力範圍內，每個月撥出一小筆錢來幫助弱勢族群、失學的孩子，以及他們的家庭，是一種很好的助人方式。

對自己來說，只要少喝杯飲料、少看場電影就能做到的小事，卻能對別人的一生造成極大的影響，何樂不爲呢？

就像凱茵受到許多「教母」的幫助一樣，只要每個人付出一點心力、一點金錢，就能幫助一個女人拾回生命的意義，不也是人生的另一種成就？

幫助別人不是必須大費周章的麻煩事，只要當成在做一件日常生活應該做的小事，便能輕易做到。

做一件不經意的小善事，然後你會發現，感覺多麼快樂！

做自己的依靠，最值得驕傲

「靠自己」並不可憐，更不可悲，能這樣的人更要感到驕傲。因為具有獨立自主的能力，能在任何環境中生存下去。

常聽到一句話：「靠山山會倒，靠人人會跑，只有靠自己最好。」

在這個世界上，沒有誰可以做誰永遠的靠山，因爲人生無常、世事難料。或許，你現在的「靠山」家財萬貫、富可敵國，只要忠心地跟著他，這輩子都不愁吃穿，但你有沒有想過，自己賴以維生的「靠山」，如果一夕之間垮台，該怎麼辦？

在這個競爭激烈的社會，我們爲了活下去，當然可以找「靠山」，但是這個

「靠山」最好是自己。

小蝸牛問媽媽：「爲什麼我們要背著這個又硬又重的殼呢？」

媽媽回答牠：「因爲我們的身體沒有骨骼的支撐，只能爬，又爬不快，所以需要這個殼來保護自己。」

小蝸牛又問：「可是毛蟲姐姐沒有骨頭，也爬不快，爲什麼牠就不用背這個又硬又重的殼呢？」

蝸牛媽媽說：「因爲毛蟲姐姐可以變成蝴蝶飛起來呀。」

小蝸牛：「可是蚯蚓弟弟沒有骨頭，又爬不快，也不會變成蝴蝶，牠爲什麼不用背著這個又硬又重的殼呢？」

媽媽：「因爲蚯蚓弟弟會鑽土，大地會保護牠啊。」

小蝸牛不禁哭了起來：「那我們眞的好可憐啊，天空不保護我們，大地也不保護我們。」

蝸牛媽媽安慰牠說：「所以我們才要有殼啊！我們不靠天，也不靠地，我們靠自己。」

「我們靠自己！」多麼令人震撼的一句話。

爲什麼這樣一句簡單的基本觀念，卻會令人感到震撼呢？

偶爾和朋友聊起出社會之後的生活，大家難免會感嘆現代人生活辛苦。

在物價不斷飛漲，所得卻沒有相對提升的年代，許多到達適婚年齡，甚至過了適婚年齡的朋友都沒有成家，原因只是單純的經濟問題。

每一次聊天的過程，總會有句熟悉的感嘆詞：「唉！爲什麼我們沒有出生在有錢人的家庭裡？」

這個社會就是如此不平等，有些人爲了生活辛苦打拼，有的卻是把別人一個月的薪水當成零用錢花。

拋開「依賴」別人的想法吧！家庭只能當成一個後盾，當你感到徬徨、失落時，家，是一個可以休息的避風港。家人可以帶來精神上的支持，但不能一輩子支援物質方面的需求。

我們會爲了「不平等」而感到難過、憤世嫉俗，是因爲潛在的觀念還是想「依賴」別人，在得不到的情況下造成觀念上的偏差。

銜著金湯匙出生的人固然令人羨慕，但是他們若沒有自己謀生的能力，一輩子都只能靠著向人「伸手」過日子，那麼跟乞丐不同的地方只在於伸手的對象是父母、親人。

「靠自己」並不可憐，更不可悲，能這樣的人更要感到驕傲，因爲具有獨立自主的能力，能在任何環境中生存下去。

以利益為前提，得不到真正的友誼

在某些契機、氣氛、環境之下，曾經同仇敵愾、團結努力的情誼，也可能因為一根狗骨頭的丟出而風雲變色。

在社會上打滾過的人都知道一個道理，所有以利害關係爲前提的友誼，都禁不起考驗。

諷刺的是，這個道理人人都懂，卻還是有不少人刻意經營。而且，這些人還會用「朋友本來就是要互相利用」或「做一個對朋友有利用價值的人」這種似是而非的話語，來合理化自己的行爲。

只可惜，儘管話說得再漂亮、再有道理，他們費了大量心思，都無法擁有一個遇到困難時，會對自己伸出援手的朋友。

黃狗和黑狗趴在廚房外的牆角邊曬太陽。雖然站在院子門口擔任守衛的工作讓牠們感到威風凜凜，但是牠們剛吃飽，不想再對著來來往往的人們大吼大叫，只想好好地休息一下。於是，兩隻狗就開始閒聊起來。牠們談到人世間的各種問題、自己必須做的工作、惡與善，最後談到了友誼。

黑狗說：「人生最大的幸福，就是能和忠誠可靠的朋友在一起生活，遇到什麼困難就互相幫助，睡啊、吃啊，都在一塊兒，彼此相親相愛，就像英雄好漢一樣惺惺相惜。還應該抓緊機會使朋友高興，讓牠的日子過得更加快樂，同時也在朋友的快樂裡找到自己的歡樂。天下還能有比這更幸福的事嗎？假如你和我成爲這樣親密的朋友，日子一定好過得多，也許連時間的緩慢流逝都感覺不到了。」

「太好了，我的寶貝，就讓我們做好朋友吧！」黃狗熱情地說道。

黑狗也很激動：「親愛的黃狗，過去的日子裡，我們朝夕相處卻沒有一天不打架，有好幾回都讓我感到非常痛心！當初是何苦呢？我們不愁吃，住得也寬敞，打架是沒有意義的！人類把我們當作友誼的典範，就讓我們用行動證明給人類看。要結成好友是沒什麼障礙的！來吧，握握爪吧！」

「贊成，贊成！」黃狗嚷道。

剛成爲好朋友的兩隻狗立刻熱情地擁抱在一起，舔著對方的臉孔，那副高興的模樣，比吃了一頓牛排大餐還開心。

「友誼萬歲！吵架、嫉妒、怨恨都滾開吧！」

就在兩隻狗開心大叫的同時，廚子扔出來一根香噴噴的骨頭，兩個新朋友立即像閃電似的朝著骨頭直撲過去，友好和睦像被火灼燒蠟一樣融解掉了。

「親密」的朋友「親密地」滾在一起，相互撕咬，狗毛漫天紛飛。直到一桶涼水澆到牠們的背上，才把這一對「親密的朋友」拆開了。

爲什麼人們總說學生時代的生活比較單純，認識的朋友也能長久往來？這是因爲彼此之間沒有「利益」的牽扯。

一些很單純的事情，到了社會的大環境中都會被扭曲解釋。這麼做是不是別有所圖？還是要故意求表現？此外，在某些契機、氣氛、環境之下，曾經同仇敵愾、團結努力的情誼，也可能因爲一根狗骨頭的丟出而風雲變色、翻臉不認人。

你可能很難想像，當初和自己如此交心、談得來的那個人，爲什麼會有那麼大的轉變？幾次的教訓下來，雖然會讓你感到傷心，但也讓你成長，了解社會的現實面，並懂得保護自己。

很多原本熱愛生命、懷抱熱誠的單純心靈，也會因爲適應社會而喪失最初的理念，實在是一件非常可惜的事。

然而，這是可以避免的。雖然不用爲自己築起一道牆，把每個人都當成敵人，但防人之心不可無，做任何決定之前要先記得保護自己。

真正的無價之寶是什麼？

當我們每天追逐著名利，或是不停地滿足物質上的需求時，回到寂靜與孤獨的一人世界時，孤寂與空虛感有多大呢？

什麼是無價之寶，在每個人的心中各有標準。

只是，我們必須提醒自己一下，物質上與精神上的事物必須加以區分，能夠讓人獲得心靈滿足的事物，絕對比那些物質上的來得珍貴。

《梵蒂岡名言》一書中，收錄著古希臘哲學家伊比鳩魯說過的話：「不要因為奢求你沒有的東西，而不知享受已有的東西，須知你現有的東西，一度也曾是你只能嚮往的東西。」

細細咀嚼這番話，或許會讓我們有不同的感悟。

以下是很溫暖的一個故事，當許多人爲了搶奪金銀財寶，或留戀身外之物，而不惜犧牲自己身邊的至愛之際，故事中這個「婦人的最愛」，不知道能夠帶動或感動多少人。

很久以前，有兩群彼此視仇多年的城邦居民，一直處於你殺我打的生活之中。一群生活在高地，另一群則住在窪地之中。

有一天，住在高地的首領居然想出一個殘忍的方法，決定要把高地的水庫打開，讓窪地的居民淹沒在大水中。

水庫打開之後，呼救聲此起彼落。高處的人們看見這個景象，心生不忍，紛紛站出來救援。

首領在輿情壓力下勉強派出幾艘小船，但是規定只能載女人，此外，他也故作大方地答應女人們可以帶走自己最喜歡的一件東西上船。

於是，有人帶著心愛的珍寶，有人帶著金銀首飾，她們都慶幸自己能保住性命，也保住財富。

但是，這時有個婦人卻抬了自己的丈夫上船。

士兵連忙阻攔道：「船上只允許女人上船，不能有男人！」

那位婦女理直氣壯地說：「你們不是說，我們可以帶一件自己最喜歡的東西嗎？那，這是我唯一最喜歡的東西！」

士兵看著婦人，無言以對，只好讓她負著男人上船。

因此，在這次災難裡唯一倖存的男人，就是這位婦人的丈夫。

現實生活中的各種誘惑及折磨，都是人性的試金石。

放眼人生，有人孤獨地坐在金屋銀樓裡，有人則迷失在金錢遊戲中。在這些人的身邊，有不離不棄的守候者，當然也有人傷心絕望地離去，然而不管他們選擇哪一個方式，他們的心都已是傷痕累累。

當婦人能在最艱苦的情況下，不要金銀財寶，只選擇身邊最愛的人，我們是否也該重新審視自己的價値觀？

當我們每天追逐著名利，或是不停地滿足物質上的需求時，回到寂靜與孤獨的一人世界時，孤寂與空虛感有多大呢？

我們要的應該不只是一個生活上的「伴侶」，而是一個能夠在患難人生中相互扶持的「伙伴」。

那個人，不一定是愛人、夫妻或血緣至親，也許只是個簡單的朋友。

他們是在我們跌倒時，會隨時出現在我們身邊，不顧一切扛起我們一起走過險灘的「最愛」。

懂得珍惜，心中自然有愛

生命很簡單，那便是「珍惜」。珍惜當下的時間，珍惜身邊的生命，自然而然我們會看見生活的重點與方向。

科爾頓在《精闢之言》裡寫道：「如果慈愛能夠普及天下，地球就會變成天堂，地獄就會變為無稽之談。」

慈愛，不是宗教的產物，而是生命必備的基因，懂得愛人自然懂得愛己，當生活的開展以此爲起點時，人們的手就會相互提攜。

有個想勵精圖治的國王，為了讓自己的國家更為富強，仔細思考之後，整理出三個重點。

他想，只要知道何時是最關鍵的一刻，哪些是最重要的人，又有哪些任務是最重大的，那麼自己在治理國家時，便能更加得心應手。

於是，衆臣立即為國王動腦筋，他們認為，詳細列出行程表是支配時間最好的方法，而國家當前最重要的人是教師與科學家，目前當務之急則是弘揚科學與法律。

然而，國王對這幾個答案都不很滿意，於是他決定去拜訪一位隱士。

當國王來到隱士的住處時，他正好在整理土地。國王便提出這三個問題，請求隱士給予忠告，不過，忙於耕地的隱士沒空回答他。

誠懇的國王並未動怒，靜靜地守在旁邊，隱士累了的時候，國王便上前幫忙。當天色快暗下之時，忽然來了一個受傷的人。

於是，國王便幫隱士診治這個受傷的人，裹好了傷，兩人又將他抬回隱士的家中休息。

第二天，這個受傷的醒來，看了看國王，說道：「你知道嗎？我是你的敵人，昨天我們聽說你要來拜訪隱士，準備在你回程時謀殺你，卻被你的護衛發現，被他們刺傷，沒想到現在卻讓你救了我。謝謝你的救助，我決定不再與你爲敵了，我希望有機會能爲你效勞。」

國王接著再去見隱士，並懇求他快幫忙解答那三個問題。

沒想到隱士卻說：「我已經回答你了！」

國王完全不解地問：「你回答我什麼？」

隱士說：「昨天，你如果不憐憫我的勞累，幫我挖地而耽擱時間，回程時你早就被他殺死了。接著，你憐恤受傷的人，並爲他包紮，如今他已經成爲你的忠僕。你問，什麼是最重要的時間，當然是『現在』，只有現在才可以把握一切；至於什麼是最重要的人物，那就是你能夠『左右的人』，因爲他會爲你犧牲一切；而世界上最重要的則是『愛』，沒有愛，活著還有什麼意思？」

萬事萬物最後的歸結，全在一個「愛」字。

心中有愛的人，會知道什麼時候是最重要的一刻；心中充滿愛的人，每個人都渴望爲他付出，與他合作。

所以，能夠守住當下的人，時間在他的手中，不會有任何錯過與浪費，而且不必明細羅列，便能充分運用與支配。

而心中有愛，能與人爲善，在公司、家庭或國家中，人與人之間會充滿著和諧的合作關係。因爲人和，公司自能不斷成長，國家自能富強，家庭更是和樂而幸福。

生命很簡單，故事中透露的重點只有一項，那便是「珍惜」。珍惜當下時間，珍惜身邊的生命，自然而然我們會看見生活的重點與方向。

不要事事都想與人較量

別人的好總是別人的，一如我們的長處也只在我們身上表現，無論別人發出多麼精采奪目的光芒，也不能掩蓋我們即將綻放的耀眼光芒。

隨時保持一顆平常心，相信天生萬物皆有獨特的價值，不必與人做無意義的爭執，也不必老是想著怎麼贏過別人，每天我們只需要問一問自己：「今天我眞的盡力了嗎？」

只要盡力了，那麼今天的我們就可以心滿意足地好好休息，爲明天繼續儲備活力，好能不斷地超越自己。

夜鶯和百靈鳥是大家公認的歌唱家，只要一聽見牠們甜美且悅耳的歌聲，動物們心中的煩惱與憂愁都很快地消失。

但他們的美妙歌聲卻得不到貓頭鷹的肯定，只因善妒的貓頭鷹一直認爲：「牠們的歌聲能有多好聽啊？如果大家聽過我的歌聲，肯定會從此愛上我，不過，想要我開口可不是件容易的事！」

「好，爲了讓大家都能聽見我美妙的歌聲，我來辦場個人演唱會吧！讓牠們仔細聽一聽我的好聲音。」貓頭鷹心想。

不過，還算有自知之明的牠，知道自己的名聲並不響亮，因此要怎麼吸引聽衆入場讓牠傷透了腦筋。

「嘤……」

夜鶯又在歌唱了，就在這個時候，貓頭鷹也想到吸引聽衆入場的辦法。

牠對夜鶯和百靈鳥說：「我準備辦一場個人演唱會，想請夜鶯來幫忙伴唱，至於百靈鳥，如果你願意來幫我翻譜，這場演唱會一定會更加精采！」

夜鶯和百靈鳥一聽有些啼笑皆非，但貓頭鷹苦苦哀求，只好勉為其難回應：「我一定會去參加你的演唱會。」

事實上，貓頭鷹找上夜鶯和百靈鳥前，便已事先將這個構想告知報社的朋友了，消息都已經曝光了，夜鶯和百靈鳥也不好拒絕。

貓頭鷹的演唱會果然如期舉行，最重要的是，表演節目也果真如牠預料的「精采」！

只見第二天報紙頭條上寫著：「昨天的演唱會眞是精采，最有趣的地方是，原本的主唱竟在翻譜，而原本要翻譜的鳥兒卻成了這場演唱會的主角！」

從主角變成了路人甲，甚至連最重要的配角都搭不上，這樣的結局想必讓自負的貓頭鷹更加感到鬱悶吧？

但嚴格說來，這樣尷尬的醜態也是牠自己造成的，因為不懂得欣賞別人的歌藝，只會用嫉妒的心態去看待朋友的好名聲與好歌喉，並讓自己深陷鬱鬱寡歡的情緒裡，甚至更進一步想以否定別人的方式來肯定自己，怎料效果不彰，諸多舉動之後，反而讓人們更加發覺牠的不足與自卑。

其實，每個人都有美好的一面，也都有超出別人的才能，我們無須像貓頭鷹一樣，只顧著別人的表現情況，只會羨慕別人能有如此精采的表現，卻忘了充實自己，或忘了好好發掘在自己身上獨有的才能。

別人的好總是別人的，一如我們的長處也只在我們身上表現，無論別人發出多麼精采奪目的光芒，也不能掩蓋我們即將綻放的耀眼光芒。

只因，這些生命的光芒和你我一樣獨立，它們分散在你我的身上，只要我們願意努力綻放，也願意用更積極的心態去面對它們，能夠更加專注於自己的發展，不再浪費時間搜尋別人的不足之處，自然能擁有自己的一片天，並且成爲人們眼中永遠的第一主角。

心快樂，生活自然快樂

快樂生活的訣竅，其實並不在於別人怎麼看待你我的生活，一切關鍵只在於我們怎樣看待自己的人生。

習慣板著臉孔的人，很難得到別人笑臉相迎的畫面，想快樂生活的人，便得自己先領悟「快樂是什麼」，以及「快樂要怎麼擁有」。

「心快樂，生活自然無處不是快樂」，這個答案相信你早已經知道了，但卻老是忘記一點：快樂的環境要靠自己去創造，只要你願意分享笑容，人們自然也願意和你笑容相對。

春天就快到了，爲此小松鼠很開心地在樹林間跳來跳去。

忽然間，小松鼠一個不小心從樹上掉了下來，更糟糕的是，竟不偏不倚地掉落到在樹下睡覺的野狼懷裡。

野狼被這突如其來的撞擊嚇醒，反射性地伸手抓住身上的「東西」，旋即定了定神看清這個擾人清夢的「東西」。

「原來是松鼠啊！太好了，一覺醒來就能飽餐一頓，老天爺對我實在太好了！」野狼開心地說。

只見野狼作勢要將小松鼠丟進嘴裡，這時小松鼠連忙求饒：「偉大的野狼哥哥啊！請您行行好，放我一馬吧！」

野狼看著小松鼠，故意斜眼睨著牠：「好，我可以放了你，不過，你必須告訴我，爲什麼你們天天都能如此開心地生活？我看你們整天在樹上蹦蹦跳跳，臉上滿是快樂的神情，這到底是什麼原因？爲什麼我的日子過得如此煩悶，一點也不快樂呢？」

松鼠說：「沒問題，不過你要先放了我，讓我回到樹上才告訴你，因為在你手中我很緊張，根本說不出話來。」

野狼放開了松鼠，只見松鼠飛快回到樹梢上，然後大聲地對野狼說：「你煩悶，那是因為你個性太過兇狠，是兇惡的性格折磨著你的心。至於我們之所以能這麼快樂，全因為我們有顆善良的心，我們對任何人都充滿了關懷，對於我們身邊的人事物更是從未動過任何壞念頭啊！」

想像著小松鼠靈巧的身形，以及從牠嘴裡說出的「快樂」道理，我們似乎更能感受到開心生活的舒暢滋味，也更加明白，原來快樂真的是件很簡單的事，一切只需要一個「好念頭」。

其實，只要我們願意讓心中的陽光綻放，那麼無論屋外氣候怎麼變化，我們的心每天都會是好天氣，就像故事中的小松鼠給大野狼的意見：「讓好的念頭來帶領你的心，你自然能找到快樂！」

我們也可以這麼說，無慾無求的小松鼠除了滿足與善良的心思之外，便沒有其他雜念了。

從小松鼠的分析中，我們其實也看見很早以前就明白的生活道理，只是不知何故，許多人還是會讓複雜的思考擾亂自己，讓了原本能夠自在面對並快樂微笑的生活機會不翼而飛？

別再鑽牛角尖了，快樂生活的訣竅，其實並不在於別人怎麼看待你我的生活，一切關鍵只在於我們怎樣看待自己的人生。

9. 患得患失，只會讓自己迷失

當我們不得不背負時代的壓力、大環境的無奈時，「盡力而為」就成為治療自己內心遺憾的最好辦法。

有明確構想才能實現理想

因為目標構想不夠明確，所以很多人的夢想都只能停留在畫大餅、做白日夢而無法化為實際行動的階段。

在這個凡事「向錢看」的年代，有些人常說，將來想成爲比爾蓋茲、馬雲、郭台銘或李嘉誠……這類的有錢人，但當你進一步問他們要如何做，才能成爲他們口中的「有錢人」，通常都沒有什麼明確的答案。

這就是一般人的通病，往往爲自己立下一個很大的目標，卻不懂得訂定明確可行的計劃，再按部就班地去實現，所以夢想終究只是夢想，最後甚至落到一事無成的窘境。

有一次羅曼·V·皮爾在高爾夫球場打球，不小心把在草地邊緣的球打進了雜草區。剛好有一個年輕人在那裡清掃落葉，就和他一塊兒找球。

那年輕人一邊找球，一邊很猶豫地說：「皮爾先生，如果可以的話，我想找個時間向您請教一些問題。」

「你想要什麼時候呢？」皮爾問道。

「哦！什麼時候都可以。」年輕人似乎頗爲意外皮爾答應。

「像你這麼回答是永遠不會有機會的。這樣吧，三十分鐘後在第十八洞見面談吧！」皮爾說道。

三十分鐘後，他們在樹蔭下坐著，皮爾先問他的名字，然後說：「現在告訴我，你有什麼事要和我商量？」

「我也說不上來，只是想做一些事情。」

「能夠具體地說出你想做的事情嗎？」皮爾問。

「其實我自己也不太清楚。我很想做和現在不同的事，但是不知道該做什麼才好。」他顯得很困惑。

「那麼，你準備什麼時候實現那個還不能確定的目標呢？」皮爾又問。年輕人對這個問題似乎既困惑又激動，他說：「我不知道……我的意思是有一天……有一天想做的某件事情。」

於是，皮爾問他喜歡做些什麼事。他沉思了一會兒，卻一直說想不出來有什麼特別喜歡的事。

「原來如此，你想做某些事，但不知道該做什麼才好，也不確定要什麼時候去做，更不知道自己最擅長或喜歡的事是什麼。」

聽皮爾這樣說，他有些不情願地點頭說：「我眞是個沒有用的人。」

「不是這樣的，你只不過是沒有把自己的想法加以整理，或缺乏整體構想而已。你很聰明，個性也不錯，更有上進心。有上進心才會促使你想做些什麼。我很喜歡你，也信任你。」

皮爾建議他花兩星期的時間考慮自己的將來，並明確決定自己的目標。然後用最簡單的文字把它們寫下來，接著估計何時能夠順利實現，得出結論後就寫在卡片上，再來找自己。

兩個星期以後，這個年輕人完全變了一個人似的，顯得有些迫不及待地在皮爾面前出現。這次他帶來明確而完整的構想，他已經清楚掌握住自己的目標，那就是要成爲現在工作的高爾夫球場的經理。現任經理五年後退休，所以他把達成目標的期限訂在五年之後。

他在這五年的時間裡，確實學會了擔任經理必備的學識和領導能力。經理的職務一旦空缺，沒有一個人會是他的競爭對手。

又過了幾年，他的地位依然十分重要，成爲公司不可或缺的人物。現在他過得十分幸福，非常滿意自己的人生。

這位年輕人是根據自己任職的高爾夫球場的人事變動，來決定自己未來的目標。當然，在這當中或許多少有興趣的成分存在。

你可以從一百個人口中聽到：「我希望能夠賺大錢。」可是卻找不到幾個人知道自己該如何實現這個願望。

勉強擠出來的答案大概是：自己創業當老闆、做個小生意、找個薪資高的工作……然後就沒更進一步的計劃了。

正因爲的目標構想不夠明確，所以很多人的夢想都只能停留在畫大餅、做白日夢，無法化爲實際行動的階段。

要在經濟不景氣的社會裡，找到一個適合自己又符合興趣的職業的確不簡單，但也絕非不可能，全看你願意投入多少心力和時間去達成。辛苦一定免不了，風險更是不用說，關鍵就在於你有沒有本事、願不願意去承受這些必經的過程。

一個清楚的目標必須考慮到每一個階段的計劃，再將計劃分爲短程、中程與長程來進行。如果還是無法找到確切的目標，那麼不妨試著往後推算十年，想想自己十年後希望自己站在哪個崗位上，再仔細思考，若要實現十年後的願望，現在該做些什麼準備。

欺騙的行為，會使你喪失機會

誠信和誠意必須靠多年的口碑和表現才能建立起來，可是要毀滅它卻是彈指之間的事，它不能給你第二次機會。

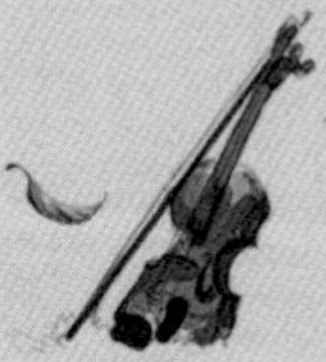

不論是人與人之間的交往，或是公司與公司的生意往來，最重視的就是「誠信」！只要你欺騙別人一次，別人或許不會馬上和你斷絕往來，但絕對會把你列入「不值得信任的黑名單」當中，以後如果有任何賺錢的機會，也不可能會找你。

因此，千萬不要以爲跟朋友說一些無傷大雅的謊話，或是將準備出給別人的貨品品質偷偷地降低一點，並沒什麼大不了。殊不知，只要被發現，即便是一點小謊，也已經踩到別人心中那條誠信的「紅線」。

品管部主任在產品第二關抽檢時發現，一批銷往義大利的銀飾品的拋光率出了一點小問題。他向上面提出兩點解決方案，一是將有瑕疵的產品挑出淘汰，一是降低品管標準讓產品過關。

副總認為，品管主任是以非常專業的角度去挑選這批貨，但客戶與消費者不會注意那麼多。小瑕疵並不明顯，而且這批貨的貨主是公司的老客戶，對產品一向不會主動檢查，按期交貨才是當前最重要的事。於是，副總在降低品質標準一欄簽了字。

準備出貨前夕，品管部主任再三考量後，還是把這件事向董事長反映。董事長立即召開會議，他既沒有當眾批評副總，也沒有讚揚品管部主任，只講了一個故事。

董事長曾是一家玩具工廠的業務員，主要服務對象是日本客戶。玩具工廠生意興隆，賺了大錢，但後來卻因為玩具偷工減料，被日本客戶察覺，提出退貨要求。

廠方希望看在多年合作的情分上不要求退貨，並說玩具內部的填充物不會影響產品品質，只要消費者不拆開看，就不會發現。

日本客戶則認為合約上規定的材料不應更改，劣質的產品如果被消費者發現，會連公司其他產品都拒絕購買。結果，那些玩具被全部被退回，重新拆開加工，廠商損失五十多萬。

產品出來後，日本客戶提高了抽檢率，還派人駐廠監督。廠方覺得這是小題大做。日本客戶則說：「我們已經不是合作夥伴。我方所做的僅是履行最後兩個月的合約，保證產品品質。」

廠方覺得事態嚴重，多次道歉和協商，但對方解釋說：「在日本，你只要欺騙別人一次，就沒人要和你打交道。」

董事長說完故事後，大家終於知道事情的嚴重性。於是用了兩個晚上通宵趕製新貨，終於在交貨期限的最後一小時送達客戶手中。

義大利客戶得知後寄來了感謝信，品管部主任後來也升為生產部經理。

還記得「雪印」這間乳品公司嗎？有一陣子他們的產品消失在市面上，原因是一次中毒事件，導致公司倒閉。追查出事起因，發現是未依規定清洗製乳機械，導致細菌汙染。

這個看似並不嚴重的疏忽，讓雪印這家頗受消費者歡迎，成立多年的公司在一夕之間倒閉。直到多年後，消費者才又慢慢在市面上看到它的身影，可是，已經不如從前那麼讓人愛戴。這也是一種「誠信」問題。

誠信和誠意必須靠多年的口碑和表現才能建立起來，可是要毀滅它卻是彈指之間的事。

也因此，必須愛惜自己的誠信和誠意，因爲它不能給你第二次機會。

禱告不是實現夢想的萬靈藥

禱告只是讓自己的信念更加堅定，增強面對挑戰的勇氣，而不是不勞而獲，等著禮物從天上掉下來。

有一個非常虔誠的信徒，跑到教堂去向上帝祈禱：「萬能的上帝，請讓我中樂透頭彩！」

第二天樂透開獎，這個信徒並沒有如願中頭彩，於是隔天他又跑去向上帝禱告。豈知，上帝現身跟這個信徒說：「你希望我讓你中樂透頭彩的心聲，我已經聽到了，但你總得先去買張彩券吧，否則，我也愛莫能助。」

現實生活中，很多人就像這位信徒，以爲只要向上帝禱告，夢想就會成眞，但卻不曉得禱告之後，還是要靠自己努力，否則即使上帝有心想幫忙，也無從幫起。

四歲的小克萊門斯上學了。教書的霍爾太太是一位虔誠的基督徒，每次上課之前，她都會領著孩子們進行祈禱。

有一天，霍爾太太為孩子們講解《聖經》，當講到「祈禱，就會獲得一切」時，小克萊門斯忍不住站了起來問道：「如果我向上帝祈禱，祂就會給我想要的東西嗎？」

霍爾太太親切地回答：「是的，孩子，只要你願意虔誠地祈禱，你就會得到你想要的東西。」

小克萊門斯想得到一塊很大很大的麵包。因為坐在他隔壁的金髮小女孩，每天都會帶一塊這麼誘人的麵包來到學校，但他從來沒有吃過。

她常常問小克萊門斯要不要嚐一口，小克萊門斯每次都堅定地搖了搖頭，心裡卻十分掙扎痛苦。

放學的時候，小克萊門斯對小女孩說：「明天我也會有一塊大麵包。」回到家之後，小克萊門斯關起門，無比虔誠地進行禱告，他相信上帝已經看見了自己，一定會被自己的誠心感動。

然而，第二天起床，他迫不及待地把手伸進書包，裡頭除了一本破舊的課本之外，什麼也沒有。

他決定每天晚上繼續禱告，一定要等到麵包出現。

一個月之後，金頭髮小女孩笑著問小克萊門斯：「你的麵包呢？」

小克萊門斯告訴小女孩，上帝可能沒看見自己多麼虔誠地祈禱，因為每天都有無數的孩子祈禱著，但上帝只有一個，他忙不過來。

小女孩笑著說：「原來祈禱的人都是為了一塊麵包啊。但一塊麵包用幾個硬幣就可以買到了，人們為什麼要花費這麼多的時間祈禱，而不是去賺錢買麵包呢？」

聽了這話，小克萊門斯決定不再祈禱。

他相信小女孩所說的，正是自己最想要的答案——透過實際行動獲得自己想要的東西。

小克萊門斯對自己說：「我不要再爲一件卑微的小東西祈禱了。」

多年以後，小克萊門斯長大成人，當他用筆名馬克．吐溫發表作品的時候，已經成爲一位爲了理想勇敢奮鬥的作家了。

好萊塢知名影星金凱瑞主演的〈王牌天神〉裡，上帝讓諸事不順的他擁有上帝的能力。經過一陣混亂之後，他選擇回到正常的生活。這部電影雖然讓人從頭笑到尾，卻隱含深刻的涵義。

電影中金凱瑞第一次碰到上帝時，上帝正在拖地，並邀他一起做這件事但卻遭到拒絕。上帝因此說：「大家都不知道勞動的好處，它能讓人自由，凡事都得靠自己的雙手才能成功。」

在電影中有一幕，金凱瑞讓所有的禱告都應驗，結果有許多人得到樂透頭獎，可是每個人分到的獎金只有十七美元，因此引發暴動。由此可見，不知有多少人爲了這種不實際的事情禱告。

禱告只是讓自己的信念更加堅定，增強面對挑戰的勇氣，而不是不勞而獲，等著禮物從天上掉下來。

小克萊門斯在禱告的過程中領悟到，眞正的神蹟並不是魔術，不能夠瞬間實現願望、讓不合理的事情成眞，奇蹟是靠人自己創造出來的。上帝給予我們的，只是一次次創造神蹟的機會，唯有付諸行動，才可能改變自己的生活。

患得患失，只會讓自己迷失

人要學會放下，活在當下。當我們不得不背負時代的壓力、大環境的無奈時，「盡力而為」就成為治療自己內心遺憾的最好辦法。

教育家海倫凱勒曾經說過一句發人省思的話語：「也許人就是這樣，擁有的東西不知道珍惜，沒有的東西卻又一味苦苦追求。」

確實，人生最大的困惱，往往來自於不知如何放下偏執的想法，不曉得我們能夠擁有的只是當下。

人生是苦樂參雜的一趟旅程，積極樂觀地過是人生，虛無迷惘地過也是人生，想要掌控自己的命運，就必須學會適時放下，珍惜當下。

人生過程中，我們難免面臨各式各樣的抉擇，但無論自己選擇哪一項，都會留下遺憾。

遇到這種狀況，最好的方法就是不論做了什麼決定，都要全力以赴，盡力做到最好，千萬不要患得患失，老是想著自己做的選擇是否正確？若是選擇另一項會不會更好？

患得患失只會讓自己顧此失彼，什麼事都做不好。

英國記者迪克里．卡特拍攝的一幅反映蘇丹大饑荒的新聞照片榮獲普立茲獎。這原本是件值得慶幸的事，最終卻釀成了悲劇，因爲他因此自殺了！

迪克里從小就喜愛攝影，總是把所有零用錢都拿去買底片，爸爸爲了鼓勵他發展興趣，還買了一台昂貴的萊卡相機送給他。

他擅長搶拍，能抓住最激動的人心、最有意義的一瞬間。還能運用電腦技術，拍出子彈穿過薄紙那萬分之一秒時間的照片，技術非常高明。

一九九四年五月及六月，蘇丹遭遇百年未見的大旱，滴雨不下，土地都乾裂了，成群的災民不分男女老少都跪在乾旱的土地上求雨。

迪克里·卡特奉命到蘇丹採訪大饑荒的新聞，發現一個場景：一隻專吃死屍的禿鷹目光貪婪地盯著一位瘦得皮包骨，幾乎趴在地上的蘇丹小女孩，等待她死去之後吃掉她。

迪克里按下相機的快門。

這張題爲〈大飢荒〉的照片發表之後，他榮獲了普立茲獎。

照片引起很大的爭議，許多讀者質問迪克里·卡特：「危難時刻爲何不向小女孩伸出援手？記者的良心何在？」

當時蘇丹政府警告外國記者不准接觸饑民，因爲可能染上瘟疫。卡特拍完照片後雖然趕走了禿鷹，但這並不能讓他安心。他眼前始終閃現小女孩饑餓與渴望救助的眼神，內心深感愧疚和自責：「我沒有抱起那個即將餓死的小女孩回家撫養，讓我終生後悔與痛心！」

他榮獲普立茲獎後，父親罵他見死不救，是個小人；妻子罵他沒有人性，鬧著要離婚；女兒哭著說：「你自私！爲了得獎不惜以蘇丹小女孩的生命作爲代價，我不認你這個父親！」

迪克里．卡特無地自容，自責的心讓他撕掉那張獲獎照片，並於一九九四年七月二十七日自殺，當時他才三十三歲。

迪克里．卡特的自殺對於記者來說，應該是一種警惕。

「該不該讓新聞發生？該不該讓悲劇發生？」這是一個涉及新聞倫理和記者職業道德的沉重話題。

然而，很可惜的是，一直到今天，媒體工作者爲了搶收視率，經常不顧受訪者與自己的安全和道德問題，貼身跟拍、捏造不實報導等情況，讓人不由得感嘆社會病了！

像迪克里．卡特這樣的記者，雖然受到許多人指責，還是讓人同情的。在當時的情況下，相信他也無能爲力。誰也無法判斷除了趕跑禿鷹之外，是否還能多做一點選擇。

人要學會放下，活在當下。當我們不得不背負時代的壓力、大環境的無奈時，「盡力而爲」就成爲治療自己內心遺憾的最好辦法。

迪克里．卡特日日夜夜爲了自己沒有伸出援手而懊惱自悔，他是死於自己的良心譴責。但是死並不是眞正的解脫，他只能帶著遺憾離開人世，對於死去的小女孩、成千上萬的災民並沒有實質上的幫助。了解災區慘況的他，更應該帶領同胞們協助難民。

指責迪克里．卡特無情的人也必須適可而止，與其無意義謾罵，不如想想該怎麼做才能幫助受難者。迪克里．卡特已經將災區最眞實的畫面呈現在世人眼前，接下來該做的，就是該怎樣去改善這個狀況。

不要只在自己的小圈圈打轉

在這個容易產生孤獨感的時代，更該踏出自己的圈圈，不僅僅是「資源」的利用，更是心靈的糧食。

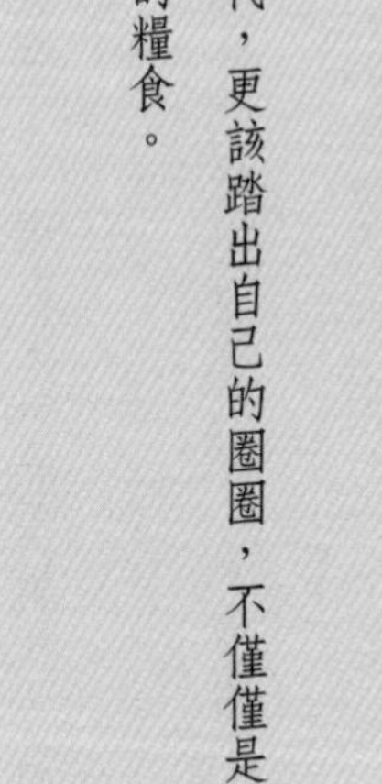

曾在一本書上看過一句話：「成功的人之所以會成功，是因爲他們不像失敗的人，一直待在自己熟悉、可以掌控的『舒服區』終其一生。」

只要是人，都不喜歡過充滿未知和不確定的生活，但是想要成功，就必須鼓起勇氣，踏出自己熟悉，可以操控自如的「舒服區」。

唯有勇於走出固定的「生活圈」，才有可能獲得待在「舒服區」所無法獲得的成就。

一家保險公司為新進人員辦了一場課程，教導他們如何接觸更多的人，擴大自己的生活圈。

主管用圖詮釋人生寓意。他首先在黑板上畫了一幅圖：一個圓圈中間站著一個人。接著，他在圓圈的裡面加上了一座房子、一輛汽車、一些朋友。

主管說：「這是你的舒服區。這個圓圈裡面的東西對你來說都很重要，你的房子、你的家庭、你的朋友，還有你的工作。在這個圓圈裡頭，人們會覺得自在、安全，遠離危險或爭端。」

主管說完之後環顧四周，接著問：「現在，誰能告訴我，當你跨出這個圈子後，會發生什麼事？」

教室裡頓時鴉雀無聲，一位積極的學員打破沉默：「會害怕。」

另一位則認為：「會出錯。」

主管微笑著說：「當你犯了錯，會造成什麼樣的後果？」

一開始就回答問題的那名學員大聲答道：「我會從中學到東西。」

「正是，你會從錯誤中學到東西。當你離開舒服區以後，學到了以前不知道的東西，增加了自己的見識，所以你進步了。」

主管再次轉向黑板，在原來那個圈子之外畫了個更大的圓圈，還加上一些新的東西、更多的朋友、一座更大的房子等等。

「如果你老是在自己的舒服區裡頭打轉，就永遠無法擴大自己的視野，永遠無法學到新的東西。只有當你跨出舒服區以後，才能使自己人生的圓圈變大，才能把自己塑造成一個更優秀的人。」

我們都習慣在自己的生活圈裡過日子，在裡面，我們熟悉、放心，有掌控狀況的能力。

在這個大生活圈中，又散佈著無數個小圈圈，每一個圈圈都代表你人生中的每一段歷程，你可能遺忘它許久，也可能繼續與它接觸。奇妙的是，多數人的小圈圈總是各自獨立，不會有太多的交集。

你每一個求學時期的朋友、工作上的同事、娛樂活動時認識的同伴、家族中的親朋好友等等，互相認識的又有多少呢？

在我們的每一群朋友中，都有一種屬於這個團體的面貌，也有屬於彼此的秘密，我們希望保留某一個部分，讓大家留下完好的印象。

然而，如此一來，就很容易把自己關在一個有限的空間中，永遠只能在裡頭打轉，無法讓視野更開闊。

西方國家的文化是，常有一家主人舉辦家庭聚會，來的卻是朋友的朋友，大家還是和樂融融，這就是個人的人脈。至於華人，雖然待人熱情，但也比較保守，重視所謂的「親疏」關係。

可是，在這個人們容易產生孤獨感的時代，更該踏出自己的圈圈，讓我們的朋友彼此認識，將這些小圈圈拉在一起。

這樣一來，你將有更多可以分享心事的同伴，也有更多人會注意、關心你。這種擴大人際關係的方法，不僅僅是「資源」的利用，更是心靈的糧食。

自尋煩惱，日子當然充滿苦惱

喜歡自尋煩惱的人，通常是不知足的人，他們的生活其實都很富足，卻永遠無法滿足。

或許，生活中有許多令人痛苦和煩惱的瑣事，但是別忘了，生活中還有更多值得開心、值得讚頌的美好事物等待我們發掘。

既然如此，我們又何必老是鑽牛角尖，硬把眼睛看向人生的黑暗面，甚至斤斤計較眼前的小事，放棄讓自己快樂的權利？

習慣鑽牛角尖的人，自己若不能看開，不自尋煩惱，那就比得了癌症的患者還更加無藥可醫。

有位智者的朋友，擁有一棟全村最豪華的別墅，每個人都以爲，他的生活如此富裕，應該不會有任何不滿。

但是，當智者拜訪這位朋友時，卻發現友人看起來悶悶不樂。

智者關心地問：「你怎麼了，什麼事令你不快樂呢？」

朋友說：「你有沒有看到，對面那座剛蓋起來的新房子？」

智者往窗外一看，果然看到了一棟巨大的花崗岩別墅。

朋友說：「自從對面蓋了這棟豪宅後，我幾乎失去了所有的快樂，你一定無法感受到我的人生有多麼悲慘。從清晨起床到夜晚入睡，我都會看見那棟房子，甚至做夢也會夢到，更慘的是，我經常從惡夢中驚醒！」

智者說：「這就奇怪了，現在的你，什麼事情也沒有發生啊？而且同樣住在這麼豪華的房子裡，爲什麼從前可以那麼快樂，現在卻不行？更何況你的快樂和悲慘，與你的鄰居有什麼關係呢？」

朋友說：「你沒看見他的房子比我的豪華嗎？」

智者搖了搖頭說：「你現在被鄰居的豪宅折磨，也許你的鄰居正因爲你的大房子，忍受了長久的折磨，這才把房子蓋得比你的豪華呀！」

朋友聽了智者的話，認眞地想了想，就在這個時候，對面的鄰居走了進來，要邀請他們共進晚餐。智者立刻答應了，但朋友卻回答說：「喔！不行，今天實在很忙，我晚上還有個約會！」

等鄰居失望地走了之後，智者不解地問他：「你一點也不忙呀！你晚上哪有什麼約會啊？」

朋友回答說：「我晚上本來沒有約會，但是從現在開始，我會非常忙碌。總之，在我的房子還沒比他的房子豪華前，我是不會踏進他的家門的。放心好了，我很快就會蓋好一棟更大的房子，到時候我就會走進他家，請他來和我共進晚餐。」

勵志作家千江月在《放下，才能活在當下全集》曾經寫過一段值得我們省思的話語：「凡是相信只有追逐不屬於自己的東西，才能獲得幸福的人，命運總是和他作對的。放下內心那些偏執、貪癡、怨懟、憎恨，是我們活得快樂的最重要因素，也是生命能否提昇至更高境界的關鍵。」

確實如此，懂得適時放下貪求、比較、炫耀的心理，是從苦惱中超脫的最好方法，要是不肯放下，就只會讓自己陷入無窮的痛苦和折磨之中。

羨慕別人的房子比你家大嗎？羨慕別人的生活過得比你富裕奢華嗎？喜歡自尋煩惱的人，通常是不知足的人，他們的生活其實都很富足，卻永遠無法滿足，因爲不滿足，他們會有很多煩，因爲不知足，心中會有「比上不足」的不滿。

但是，你認爲這些是值得苦惱的問題嗎？

自尋煩惱，日子當然就會充滿苦惱，不如換個心情看世界吧！

與其和有錢人比較，不如和街頭的乞丐相比，能夠有個地方安身，生活安樂，還有什麼不滿足的呢！

能忘懷得失的人最富有

人生中，我們有許多轉念的機會，每個轉念都有著我們生活經歷的體悟和累積，以及對生命價值的自省。

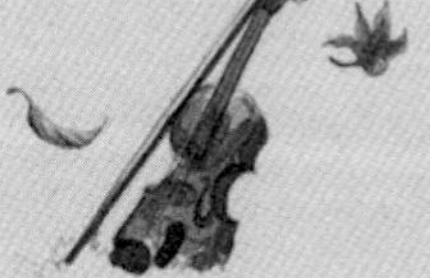

頓悟人生的機會不多，但是，只要有機會頓悟，每次剎那間的感受都將是前所未有的豐富。

精神滿足與心靈成長雖然抽象，卻是最具體存在你我身上的資產。沒有人能奪取它們，能夠真切感受到它們存在的人，便是世界上最富有的人。

很久以前，有個粗壯而個性魯莽的俠士，和一位溫文儒雅的士人打賭。士人說，只要這位俠士能夠在一間暗房裡獨處五年，他願意把所有家產全都贈送給他。

第一年因爲寂寞難耐，俠士不斷地吼叫、摔東西，脾氣壞得嚇人，但是他卻不願放棄。

第二年，俠士向這位士人借了一些書，從此便以閱讀消磨時間。沒想到俠士從此沉醉於經書的研讀，到了第五年，他開始靜坐，思考人生的道理。

到了預定期限的最後一晚，已經徹悟的俠士決定放棄垂手可得的萬貫家產，只留了一張字條，上面寫著「進去出來」，旋即不告而別，踏上全新的人生旅程。

「進去出來」這四個字看似簡單卻又深奧，是這個原本行事魯莽的俠士，累積了五年的生命時間體悟出來的，是心靈的滋長與對生命的全新體悟。

在他捨得放下的同時，生命也有了新的開始。

人生中，我們有許多轉念的機會，每個轉念都有著我們生活經歷的體悟和累積，以及對生命價値的自省。

每一次走「進去」時，我們身上的缺點也跟著進去，歷經各種磨練的洗禮。直到走「出來」，成爲有所省悟的人，人生業已煥然一新。

俠士從賭氣到忘懷得失，五年的累積，讓他擁有的心靈財富，已經超越士人所能給與的家產。

所以，他能看淡物質層次的世界，因爲，從省悟的那一刻開始，他知道生命中還有許多更値得他去爭取的東西，那些並不是錢財所比得上的。

誠實坦白，才能釋懷

坦然面對自己的錯誤，勇敢面對，思考該如何負起責任，才能減輕內心不舒服的感覺。

現實社會中，我們經常見到有些人因爲拉不下臉而和別人鬧得不可開交，在關鍵時刻不願放下身段坦承錯誤，最後讓事情越鬧越僵。

滿腦子想護住那層臉皮，這樣的執著其實並沒什麼意義。

只要是人，難免都會犯錯，犯錯並不可怕，可怕的是犯了錯誤卻死不承認，一直用說謊來掩飾。」

這個道理大家都知道，但很多犯了錯的人，因爲無法坦然地面對錯誤，往往會選擇用謊話來逃避，卻不知，這麼做不僅無法讓錯誤消失不見，反而搞得事情越來越無法收拾。

千萬記住，無論犯下多大的錯，誠實坦然面對，永遠是不讓錯誤越擴越大的最好方法。

老張在偶然間發現兒子的抽屜裡有一本日記，他在裡面寫了一段話：

「上了國中以後，我的心裡就覺得特別孤獨。除了上學，父母都把我關在房間裡，做那些永遠也做不完的功課。我多麼想到外面去和同學一起打籃球、踢足球，輕輕鬆鬆地玩一玩啊！我恨死他們了。」

老張原本一直以爲兒子很聽話乖順，萬萬沒有料到原來他的心裡竟然如此痛恨自己。

這天晚上，兒子發現日記本被動過了，就去詢問父親，老張當然不肯承認。兒子看了他一眼，什麼也沒說，就把自己關回房間裡。

第二天趁兒子上學，老張又進到兒子的房間，想從日記本裡看看兒子對這件事是怎麼想的，沒想到兒子卻在抽屜外面加了一把鎖。老張頓時意識到，自己的確犯了一個大錯，心裡非常懊悔。可是，他還是很在意兒子的想法，想知道日記裡又寫了些什麼。

晚上兒子放學回家，老張對兒子說：「你能原諒爸爸嗎？」

兒子冷冷地回答他：「不就是看了我的日記嘛！」

「那……」老張說：「如果你肯原諒爸爸，就請你把鎖拆了，別把爸爸當個小偷似的。」

兒子一聽更不高興，把抽屜鑰匙朝老張手裡一塞：「你滿意了吧？」

自從這次之後，本來話就不多的兒子，話更少了，回到家之後就是把自己關在房間裡不出來。

幾天之後，一心想走進兒子內心世界的老張再一次來到兒子的房間，他驚訝地發現，兒子的抽屜雖然沒有上鎖，但那本日記卻不見了蹤影。

那天晚上，察覺自己的抽屜又被動過的兒子鄭重其事地對爸爸說：「爸爸，你是不是看不到我的日記覺得很失落啊？告訴你吧，我把日記本扔了，並且發誓，從今以後我不會再寫日記了。」

從兒子第一次發現老張偷看了他的日記開始，老張的處理方法就走向錯誤的方向。

老張當下該做的第一件事，就是爲自己侵犯了兒子的隱私道歉。然後，找時間和兒子談心，了解他的課業壓力和眞正的需求。

可是老張沒有這樣做，反而一次又一次試圖偷窺兒子的秘密。他關心孩子的心情雖然讓人理解，但做法卻不讓人認同。

這是因爲他打從心底不能接受孩子「不滿」自己求好心切的安排，他認爲孩子應該懷抱感激的心讀書，感謝父母的用心。再加上他拉不下臉承認自己「偷看日記」這種的行爲是錯的，就是這種心態，讓老張以關心爲藉口，繼續「偷窺」的行爲。

坦然面對自己的錯誤，確實令人感到難堪、難以忍受。但即使再後悔、懊惱，也無法抹滅曾經留下的記號。

只有勇敢面對它，思考該如何負起這個責任，才能減輕內心不舒服的感覺。千萬別試圖用一個謊去圓另一個謊，這樣只會讓惡劣的狀況陷入無止盡的迴圈當中，得不到解脫。

或許我們無法完全改變這個錯誤，但是我們能儘量改善。當已經盡了一切努力之後，就應該放寬心胸，接受所處的狀況。

符合新世代，才不會被淘汰

別讓舊規矩把自己的才華綁死。若不加以改變來符合新穎世代，只會讓自己在原地踏步，甚至被潮流淘汰。

有些人常被一些根深柢固的成見和一些認爲必須遵守的規矩束縛，一旦有人好心地提醒他們必須跟著時代潮流，適時地改變和調整做法時，還會用別人無法反駁的話語來爲自己辯解，譬如自己做事向來「一路走來，始終如一」，又譬如「自己不會因爲別人跟自己說什麼，就輕易地改變初衷」。

這些不想跟著時代演變，適時地改變自己做法的人，往往必須要到被淘汰的那一刻，才會恍然發現自己的固執。

有一隻貓抓到了一隻夜鶯，伸出腳爪玩弄牠，並輕輕地握著這隻嚇得縮成一團的可憐小鳥。

貓在夜鶯的耳朵邊低聲說道：「夜鶯，我親愛的小鳥，我聽到人們到處讚揚你的歌聲，說你唱的歌和最美妙的音樂不相上下。我的老朋友狐狸是不會毫無根據亂說話的，牠說你天生就有一副好嗓子，又甜潤又動人，所有的人聽了你美麗的歌曲，不論是牧童還是牧羊女，都會心醉神迷。我也非常喜歡聽優雅的音樂，所以希望你能爲我唱一首。」

看著依然在發抖的夜鶯，貓溫柔地說：「不要發抖，我的朋友，不要誤會我的意思！你以爲我要吃掉你嗎？沒有這樣的事。我只要你爲我唱首歌，如此而已。我會放了你的，讓你在樹林裡自由飛翔，從這棵樹飛到那棵樹！說到音樂，我要你知道，我跟你一樣愛好音樂。我也常常咪嗚地唱著催眠曲入睡呢！」

但是，可憐的夜鶯一聲也不哼，牠在貓的腳爪中連氣都快透不過來，更不用說唱歌了。貓繼續說道：「我正等著你唱歌，怎麼啦？唱吧，親愛的，唱一首短短的小曲兒也行。」

但是，夜鶯就是唱不出來，在惶恐中嘰嘰地哀叫。

「你就是用這種怪裡怪氣的聲音風靡整座樹林嗎？」貓發出譏諷的笑聲，說道：「請問，大家讚不絕口的美妙歌聲都到哪裡去了呢？哪怕是我自己的小貓，我也忍受不了這樣的怪叫！看來指望你唱歌是不可能了。讓我來試試看，把你放在我嘴裡是否味道會好些。」

說完，可憐的歌唱家就被貓吃得精光了。

如果有機會閱讀一些專制政權統治下的出版品，不難發現作品內容多半大同小異，以歌頌某種「理念」爲中心原則來發展故事脈絡。那就是極權壓制下造成的結果。

一個有才華的人，要能盡情地施展自己的能力，必須建立在自由的前提下。

種種限制、教條或規定，只會扼殺才華、埋沒智慧。

同樣的，我們的人生想要過得精采、過得有意義，就不該用僵死的思想來囚禁自己的靈魂。

人們常說的「死腦筋」、「不知變通」，也是同樣的道理。別爲了一個可笑的理由、傳統的習慣，就讓舊規矩把自己飛躍的想像、不羈的才華綁死。

前人的經驗是後人參考、學習的寶貴資源，但若只知一味承襲，不加以改變來符合新穎世代，只會讓自己在原地踏步，甚至被潮流淘汰。

我們都很容易在無形中將自己「綁死」，認爲自己不該改變，卻又說不出原因。大膽一點，只有給自己多一點自由和空間，才能唱出美妙的歌曲。

正如同羅素曾經說過的：「我們要獨立思考，光明正大地看待世界的一切，正視客觀而不是害怕現實，用智慧征服自然而不是僅僅懾於自然的淫威，甘願俯首聽命。」

態度，
是提升自我價值
的關鍵因素

江映雪 編著

你的態度，決定你的價值

PRESSURE IS
THE ENERGY OF **GROWTH**

美國作家海爾曼說：**「有一天，當你發現自己的際遇都是自己造成的，而非源於意外、時間或命運，那是多麼悲哀的事。」**
一個人面對人事物的態度，將會決定未來的人生價值。心態消極的人很難成就大事，想開創璀璨的未來，就必須改變自己的應對態度。態度正是改變不如意際遇的關鍵因素，遇到層出不窮的各種障礙，如果你不願意試著改變態度，當然就無法心想事成。

懂得放下，才能活在當下

作　　者　黛　恩
社　　長　陳維都
藝術總監　黃聖文
編輯總監　王郡凌
出 版 者　普天出版家族有限公司
新北市汐止區忠二街 6 巷 15 號
TEL / (02) 26435033 (代表號)
FAX / (02) 26486465
E-mail：asia.books@msa.hinet.net
http://www.popu.com.tw/
郵政劃撥 19091443 陳維都帳戶
總 經 銷　旭昇圖書有限公司
新北市中和區中山路二段 352 號 2F
TEL / (02) 22451480 (代表號)
FAX / (02) 22451479
E-mail：s1686688@ms31.hinet.net
法律顧問　西華律師事務所・黃憲男律師
電腦排版　巨新電腦排版有限公司
印製裝訂　久裕印刷事業有限公司
出 版 日　2022 (民 111) 年 11 月第 1 版
I S B N◉978-986-389-846-7　　條碼 9789863898467

國家圖書館出版品預行編目資料

懂得放下，才能活在當下／
黛恩著.—第 1 版.—：新北市,普天出版
民 111.11 面；公分. - (生活良品；61)
I S B N◉978-986-389-846-7 (平裝)

生活良品

61

普 天 之 下 · 盡 是 好 書

普天出版家族
Popular Press Family

凌雲文創
A-Plus Creative Company